はじめに

唐突ですが、質問させてください。

「もし突然、10億円をもらえることになったら、皆さんはどうしますか？」

相続であれ、宝くじであれ、手段は何でもいいのです。

実は以前、同じ質問を私のフェイスブックで行ったら、たくさんの意見をいただきました。皆さんも少しだけ、考えてみていただけますでしょうか？

――「旅をしたい」「障害者のための施設をつくりたい」「投資をしたい」「複合型の学生寮をつくりたい」「起業をしたい」など。「まずは税金の心配をする」という方もいらっしゃいました。１５０件近く、実にたくさんの、多様な意見が寄せられました。

興味のある方はこちらからご覧ください。

https://www.facebook.com/hideto.fujino/posts/10156001554543438

この質問、「10億円」という金額設定が、実は絶妙な数字でもあります。

10億円あれば、よほどぜいたくな生活をしない限りは、一生働かなくても生きていけるでしょう。それも家族全員、何不自由なく、暮らすこともできると思います。つまり、10億円が手に入るということは、生活のために働くことから解放されたとき、自分がどうしたいかという問いかけでもあります。

さあ、どうでしょうか?

あなたの手元にポンと渡された「10億円」。何に使いますか?

この質問を「Q.0」としましょう。皆さんの答えは、本の最後にまた、お尋ねしますね。この本を読みながら、考えておいていただければと思います。

このように、この本では私からお金にまつわる「質問」をしていきます。全部で31問あります。いろいろな角度から「お金」について考えていただきたいと思います。なかには「これってお金と何か関係あるのかな?」と思われるものも入っているかもしれません。でも、どれもシンプルな質問ばかりです。気軽な気持ちで読み進めていっていただければと思います。

でも、ひとつ、問いを読んでいくときに、注意していただきたいことがあります。

問いを読んだら、次のページの解説をすぐに読む前に、どうぞ一呼吸置いてください。

問いに対しては、それぞれ3つ～4つの選択肢を用意しましたが、ご自身の気持ちに一番近いものを選んでいただければと思います。また、選択肢の中に気持ちにあった答えがない場合は、オリジナルの答えをイメージしていただければと思います。

そしてぜひ、そのとき感じた「自分の率直な気持ち」と向き合ってみてほしいのです。

日本に暮らす私たちは、これまで学校のテストで「正解を当てる」ことばかりを教えられてきました。だから、授業中に「質問をする」人が海外と比べると、極端に少ないのです。「この質問がもし的外れだったらどうしよう、バカだと思われたら恥ずかしい」と思ってしまう。これは、日本の教育が「正解を当てる」ことが中心になってしまっているせいです。

特に、今回はお金についての質問です。お金について、日本ではちゃんと習う機会がありませんでした。ですから、大人になってから「老後も不安だし、いよいよ勉強しなくちゃ」と思ったときにも、皆さんやっぱり「これが正解！」というものを、とにかく手っ取り早く知りたがる傾向が強いようです。私自身も投資のプロという立場ですから、これまで幾度となく、「どの商品を買えばいいですか？」「どの株が上がりますか？」と直球の質問を受けてきました。

でも実際のところって、どうでしょうか？ そもそも社会に出てみると、「これが正解」だなんて、割り切れないことばかりではありませんか？

たぶん私たちにもっと必要なのは、問題には割り切れないことがあることを知ること、その上で自分の気持ち、価値観がどういうものなのか、ということにしっかり向き合うことではないかと思うのです。

本書については、編集者の加藤さんからお話をいただいたときから、「お金を話そう」というコンセプトは決まっていました。

この後の31問については、一応、正解がある問いもなかにはあるのですが、先ほどの「10億円の使い道」と同じように、ほとんどが「正解のない」問題です。「正解のないこと」だからこそ、どんどん手をあげて、本当はざっくばらんに話していいはずです。とはいえ、私たちは慣れていません。特にお金についての話は、家族が相手であっても、デリケートな話題だという方が多いのですから。

ですから、まずはこの本で「あなた自身」と会話していただきたいな、と思っています。
これからの31問を通じて、あなたも知らなかった、意外な本音と出会えるかもしれません。

第1章

お金とわたし

——日本人のお金に対するイメージと価値観

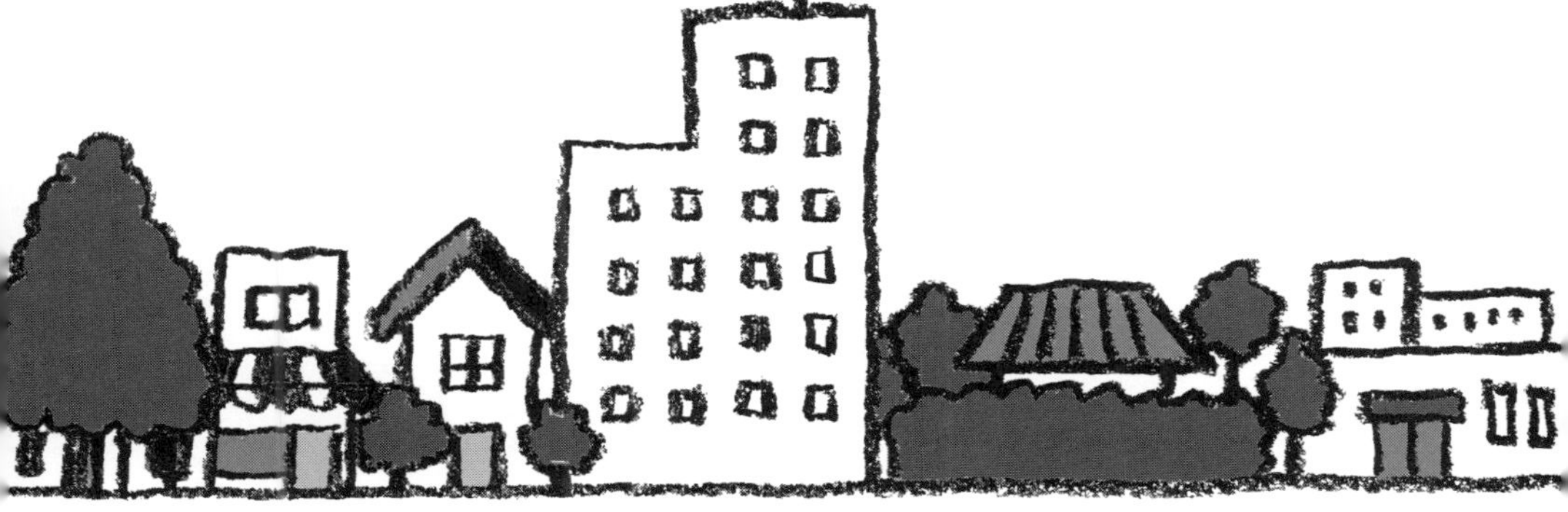

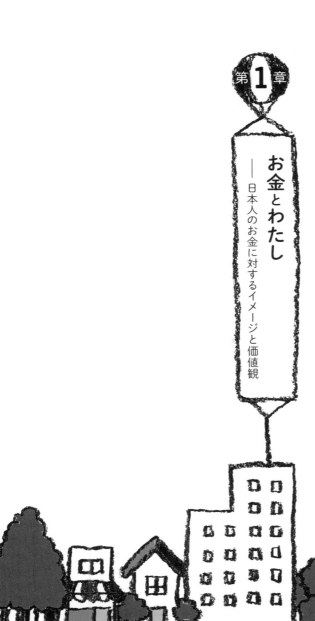

Q.1

あなたは正直、「お金」って好きですか？

1 好き

2 嫌い

3 どちらでもない

機能だけを見れば便利なツール、その裏には……？

いきなりこんな質問ですから、ちょっと戸惑う方もいるかもしれませんね。ですが、まずは胸に手を当てて、感情を確かめてみてほしいと思います。あなたは正直、「お金」のこと、好きですか、嫌いですか？

そもそもお金ってどういうものなのでしょう。経済学上でお金の定義は「価値の尺度」「価値の保存」「交換の手段」という3つの機能を持つもの、とされています。お金がない時代、人々は物々交換をしていましたが、お金を介せばモノやサービスを交換することができますし（交換手段）、将来のモノやサービスとの交換のために、貯めておくことができます（価値保存）。また、モノやサービスとの交換において目安となる物差しの役割を果たします（価値の尺度）。この便利な発明のおかげで、人間社会はここまで発展してきました。

機能だけを見れば便利なツールであるはずのお金。それに対し、なぜ私たちは「好き」だとか「嫌い」、あるいはどちらともいえないモヤモヤとした複雑な感情を抱くことがあるのでしょう？　その謎に迫るために、ここでは別の角度から考えてみようと思います。

お金は「過去の缶詰」であり、「未来の缶詰」

私の個人的な解釈なのですが、「お金＝エネルギーの缶詰」だと考えています。

エネルギーの缶詰には2種類あって、ひとつは「過去の缶詰」です。その人がそれまで行ってきた努力や働いた報酬として、あるいは相続など血縁関係のなかで得たものなど、過去の結果が詰まっているものです。

ところが、それをどう使うか、となったときに、お金を「過去」のために使うことはできません。お金を使えるのは、いつだって「未来」に対してだけなのです。つまり、お金は未来の自分を形づくるためのエネルギーが詰まった「未来の缶詰」でもある。使い方次第では他の人を幸せにすることもできます。お金は、過去の自分であり、未来の自分。お金は自分の人生そのものなのです。

そこでもう一度、この設問の答えを振り返ってください。あなたがご自身の人生に対して抱いている気持ちが裏に隠されているのではないでしょうか。お金への思いは、自分への思いに重なります。

特に「好き」と答えた方と「嫌い」と答えた方、大きな違いは「やりたいことがあるか」ということに表れるのかもしれません。何か将来やりたいことがある場合、お金は未来に向けた「可能性」「選択肢」「自由」だと感じられて、「好き」の感情が生まれやすいのではないでしょうか。「もっとお金があればなぁ」と感じることはあっても、「嫌い」にはなりにくい。

逆に「やりたいこと」を問われて答えに詰まってしまうような人は、お金が未来に向けて持っている可能性にフォーカスできず、どちらかというと過去の結果にフォーカスしてしまっているのかもしれません。「自分の評価をつきつけられるもの」「他人と比較されるもの」とだけ、ネガティブに捉えてしまいがちだと思うのです。日本人って「評価をされること」をすごく嫌がります。例えば、お給料が誰かより低いことがわかったら、お金が物差しとなって「あなたは劣っている」と突きつけられているように感じてしまいがちです。

まずこの第1章では、「お金」というフワフワとした存在の謎をあなた自身で探っていっていただきたいと思います。お金は機能としてのツールということ以上に、お金には、あなたの「気持ち」が反映されているからです。

Q.2

あなたは家族や友人と「お金の話」をよくしますか？

❶ 家族とも友人とも話す

❷ 家族とは話すが友人とはあまり話さない

❸ ほとんど話題にしない

お金の話は、タブー？

お金は日常の生活に関わるツールでもありますから、普段、お金のことを一切話題にしない、というわけにはいかないでしょう。ですが、たとえ家族が相手であっても、具体的な家計のプランや投資についての考え方などをオープンに話し合うということを、日本人は避けがちな印象です。友人や同僚などに話すことはもっと少ないのではないでしょうか。お金の話って、どこか「タブー」のイメージがあると思います。

それを裏付けるようなデータもあります。２０１６年に金融庁が出した「金融レポート」で、次のようなアンケートを実施していました。金融・投資知識の習得に関する問いで、金融・投資についての教育を受けた経験を聞いているのですが、ここで「ある」と答えた人は全体の３割にとどまりました。それは事実として納得なのですが、問題は「なし」と答えた7割の人々のうち、さらに7割の人が「金融や投資に関する知識を身に付けたいと思わない」と回答していることで

図1-1　日本人の金融教育に対する意識

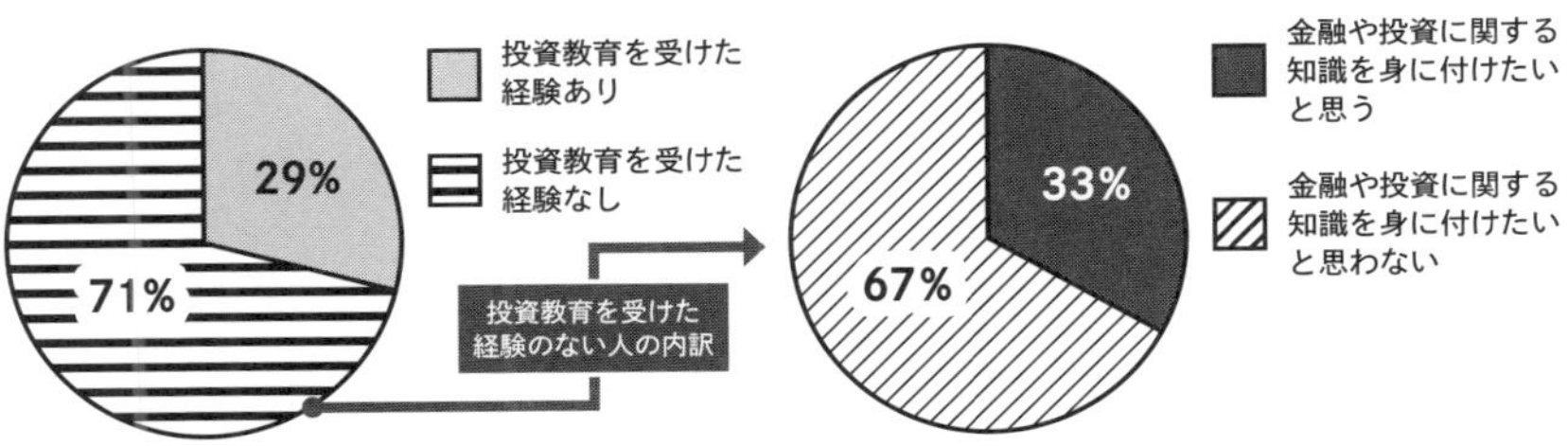

出典：金融庁「平成28年版 金融レポート」

す（図1-1）。7割の7割ですから約50%の人が金融や投資に関する教育を受けたことがないし、今後も教育を受けたくないと拒否感を示しているのです。

つまり、日本人の半分がお金の知識に対して、〝積極的に〟無知で無垢であろう、としているのです。「お金についての知識を持つことは人として良くない」「お金の話から離れている自分が美しい、素敵」という考え方が染み付いているとしたら、かなり根深い問題です。学ぶ機会がないだけでなく、「お金についての話をすると〝汚れてしまう〟」とすら思っている人が多いということになるからです。

貯蓄のことは話せても、投資のことは話せない？

このアンケート結果を見て、実際に金融庁の幹部が相当ショックを受けていました。「自分たちはこれまで何をしていたのか、自分たちにも責任があったのではないか」と。このままいくら国が「貯蓄から投資へ」という号令を出したところで、国民に響いてこないのも仕方のないことでしょう。

日本人の〝貯金好き〟についてはQ.8を参照

実際、お金の話といっても「節約」や「貯蓄」についてのことならば、話題にすることはタブーではないムードがあります。節約テクニックはテレビやインターネットでも常に人気のコンテンツですし、友人同士でも「今、節約してるんだ」「今年は〇万円貯めるのが目標」といった会話ならありがちではないでしょうか。与えられた枠の中でちゃんとやりくりすることには悪いイメージがなく、むしろ真面目な印象を与えるからです。

ところが、「投資」の話となると、やはり雰囲気が変わります。先ほど挙げたデータが示している通り、金融教育を受けてきていないということもありますし、どこか「損をすることがあるからよくない、人様に迷惑をかけてしまう」といった先入観があるのか、話題にすることを避ける人が多いのです。私たちの会社で行うセミナーでも「投資を始めたいのだけれど、家族にバレずにやる方法はあるか」などと相談してくる方もいます。

お金のことを話題にできるかできないか。どの分野の話なら、誰にならできるのか。どのあたりをタブーとして考えているのか……。あなた自身のお金に対する思いが反映される問いでもあります。ぜひじっくり振り返ってみてください。

Q.3

あなたは「お金持ち」と聞くと、どんな人をイメージしますか？

❶ 運が良かった人

❷ 頑張った人

❸ ちゃっかり出し抜いた人

日本人が美徳とするのは「清貧」の思想

「①運が良かった人」というのは、もともとお金持ちの家に生まれている、たまたま事業が成功した、あるいは宝くじが当たった人、といったイメージでしょうか。自分とは関係はないけれど、うらやましいな、くらいの感覚かもしれません。「②頑張った人」と答えた方は、努力をしているという点でお金持ちに対して比較的好感を持っている方でしょう。反対に「③ちゃっかり出し抜いた人」というイメージを答えた方は、「お金持ち＝悪」とまではいかなくても、お金持ちに対してはあまり良いイメージを持っていないのかもしれません。

全般的に、日本ではお金持ちのイメージはあまりよろしくないようです。Q．2でも触れましたが、「お金の話をすると汚れてしまう」と思っている人も多い。その根本にあるのは、日本人が長らく美徳としてきた「清貧の思想」ではないかと考えています。清貧とは「清く貧しく」を表現する用語であり、本来は「お金やモノを貪らず、物質的な豊かさではなく心の豊かさを求めるのが理想の生き方だ」という意味だったものが、残念ながら日本人にはかけ離れた解釈で根付いてしまいました。「清貧」の逆の「豊かになることは汚れること」だという認識も強くなってしまったのです。「汚れてもいいのでお金持ちを目指す」「貧しくてもいいので清らかさを目指す」、生き方にはどちらか2つしかない、と思い込んでいる。

でも、それは違うだろう、と私は思っています。「清く豊か」に生きることは、可能なのです。

そもそも現代においては「悪いことをしてお金儲けをする」ことはできません。短期的にはできるかもしれませんが、絶対に長続きしません。情報化の時代においては、悪いことや汚いことをしていると、すぐに誰かが告発し、公開されるからです。

日本人のお金観についてはQ.2にも

お金持ちが尊敬されるアメリカ人

ちなみに、アメリカでは「お金持ちは何か悪いことや汚いことをしているのでは?」という「汚豊」的な考え方はあまりありません。基本的にはお金持ちは尊敬の対象です。

ちょっと面白いのですが、日本とアメリカの「ヒーロー観」の違いにそれが如実に現れています。例えば、アメリカのアニメ「バットマン」では主人公は大富豪で慈善事業家ですし、「サンダーバード」では生みの親であるジェフ・トレーシーは退役軍人ですが、その後事業で成功し、その富を使って世界平和のためのプライベートな国際救助隊を結成するのです。

反対に、日本で人気があったアニメやテレビシリーズのヒーローを思い返してみましょう。「ウルトラマン」にしても「太陽にほえろ！」にしても、「水戸黄門」にしても、ほとんどが「公務員」です。「官高民低」のカルチャーが強く、実業家や大富豪が世の中の悪を倒す、というストーリーはあまり見かけませんね。

アメリカでは「お金持ち」とは、すなわちリスクをとって起業してビジネスを創出し、「価値を提供している」人なのです。ビル・ゲイツも、スティーブ・ジョブズも、マーク・ザッカーバーグも、新しい商品やサービスを提供することで、社会を活性化し豊かにしました。一方で、彼らは多額の寄附活動や投資活動によって儲けたお金や余っているお金を社会に還元するのが当たり前になっています。社会的な〝善〟とお金持ちになることが両立しているのがアメリカの社会なのです。

なぜこのような意識の違いが生まれたのでしょうか。日本人にはまだまだお金に対するさまざまな「思いこみ」がありそうですね。

Q.4

あなたは運が良いと思いますか？

❶ とても運が良いと思う

❷ ほどほど運が良いと思う

❸ あまりついてないと思う

運が良い人はお金持ちになる？

やや変化球の質問でしたが、いかがでしょうか。お金の話と関係あるの？と思うかもしれませんね。でも、ちょっと考えてみてください。世の中のお金持ちやビジネスの成功者のほとんどは、その背景に自分の「運」の良さを語っていると思いませんか。成功するためには運の良さは絶対条件なのではないか、と思うほどです。

運の良さがひとつの能力だとして、それが人によって良い悪い、の差があるのなら、運が悪い人はやっぱりお金には縁遠そうなイメージがありますよね。どうやらあなたとお金との関係にも影響を大いに及ぼしそうなのが、この「運」の話なのです。

ということで、「運」の正体についてもう少し深掘りしてみましょう。かつて、リチャード・ワイズマンというイギリスの心理学者が「人によって本当に運の良い悪いに違いがあるのか」ということを研究したことがあります。彼は「自分は本当に運が良い」と感じている50人と「自分はついていない」と感じている50人を集めて、さまざまな実験をしたのです。いたって真面目な学術実験ですよ。

まず、コイン投げテスト。運が良い人なら表を出す確率も高いだろうという仮説を検証しましたが、結果、運が良い人も悪い人も確率は変わりませんでした。いわゆる超能力のようなものを調べる透視力テストもやりましたが、そちらも全く関係ありませんでした。

次に、彼らに普通の新聞を手渡して「制限時間内にこの新聞にある写真の数を数えてください」と言いました。すると「自分は運が悪い」と感じている人たちは全員不正解、一方「自分は運が良い」と感じている人たちは、たった5秒ほどで全員が正解したとのことです。そんなにはっきりと差が出るのは不思議ですね。

実は種明かしをすると、新聞を開くとそこには「数えるのをやめてください。新聞には43枚の写真があります」と大きな見出しで書いてあったのです。「自分は運が悪い」と感じている人たちは言われた通りに夢中で写真を探していたため、目の前に解決策となる情報があっても、気づかずに見逃していました。その点、運の良い人は視野が広く、チャンスが見つけられたということです。

運が良い人は、平等にめぐってくる運を掴むことができる人

これらの実験からわかることは、誰にも確率的にはチャンスは平等にやってきているけれど、「運が良いと思う人」「運が悪いと思う人」の両者ではっきりと違いがあるのは、周囲への注意力だということです。無意識に「きっとチャンスがあるぞ」とポジティブに思って周りを見回しているのか、「どうせチャンスはない」と思って世界を閉ざしてしまっているか。つまるところ「運の良さ」とは普段の意識の問題ということなのですが、

それこそがチャンスを発見し掴むことの一番の秘訣だといえるかもしれません。

パナソニックの創業者松下幸之助さんが社員の採用面接で「キミは運が良いほう？ 悪いほう？」と聞いて、質問の答えによって採用を決めていたという逸話もあります。運が良いと思っている人の方が、成果を出すことを体感で知っていたのでしょう。

運の良さは、働いて稼ぐこと、投資してお金を増やすこと、どちらにもかかわってくる話です。ついてない、と思うことがあっても無理矢理にでも意識を変えたほうが、おトクかもしれませんよ。

Q.5

あなたは、昨日の1日で使ったお金の内容を答えられますか？

❶ 細かく覚えている

❷ おおむね覚えている

❸ ほとんど覚えていない

無自覚な消費は「心の隙間」消費？

あなたはいかがでしょうか。通勤途中に電車のホームの自動販売機で買ったジュース、お昼食べたもの、オンラインショップで購入した本、スーパーでの買い物……「昨日」というごく近い過去の話でも、意外と詳しく思い出せないものではないでしょうか。

私の周囲の傾向では、家計のやりくりを任されている主婦や、自分で税務申告をしなくてはいけない自営業の人は買い物の内容を覚えている、という人が多いようです。一方でそれなりにお給料をもらっていて自由に使えるお金がある人ほど、「覚えていない」、すなわち消費行動に無自覚だという印象です。

特に、皆さんの消費の無自覚さに拍車をかけているのは、コンビニの存在ではないかと私は思っています。帰宅途中、吸い寄せられるようにふらりとコンビニに立ち寄って、特に欲しかったわけでもないけれど、なんとなく癖でペットボトルの清涼飲料水とちょっとしたお菓子を買って帰る。私の生活を振り返っても思い当たる節がありますが、コンビニでの買い物は欲しいものを買う純粋な消費というよりは、ちょっとした寂しさや退屈を紛らわすための、「心の隙間」を埋める行動といえるかもしれません。そういうときの消費に関して、無自覚になるのもうなづけるでしょう。

1ヶ月間の消費行動を振り返ってみよう

何にお金を使ったのか覚えていない、という方はぜひこの機会に一度自分の消費行動を見返してみてください。そこで、まず1ヶ月間、すべての買い物、すべての消費行動について記録をとってみましょう。

以前までは、買い物のたびにレシートをもらって、それを後日まとめて集計する、という方法をおすすめしていましたが、今はもっと手間いらずの楽な方法があります。「マネーフォワード」などの自動家計簿サービスを活用するのです。買い物の際にできるだけ現金を使わず、クレジットカードや電子マネーで支払うようにすれば、自動的に集計して家計簿の形にしてくれます。最初にクレジットカードの口座などを紐づけるように登録しておくだけで、あとで振り返れば一目瞭然です。

集計してみると、きっと衝動買いの多さに気づくと思います。コンビニの他にも、ネットショッピング、時間をつぶすときのカフェ代……忘れていた消費行動が掘り起こされてくるはずです。

自分の消費行動を確認してみよう、というのは、必ずしも節約のためではありません。もちろん節約にもつながることですが、それより大切なのは「お金の使い道に自覚的になること」。金額も実はあまり関係なくて、本当は「あなたが何を考えて、そのお金をどんな気持ちで使ったか」が重要なのです。何を買ったか、使った金額については覚えている、という人も、「どんな目的で買ったか」「どんな気持ちで買ったか」をそれぞれ答えられる人は多くないかもしれません。ですが、理想のお金の使い方を考えるうえでは、そこに乗せる自分の気持ちが大切なのです。

これは「消費行動も投資行動であり、社会貢献活動である」ということにつながるのですが、そのことについてはあとで（Q.12）詳しくお話ししたいと思います。

Q.6

日本 7000億円、
アメリカ 34兆円、
何を表した数字でしょうか？

1 投資額

2 寄附金

3 預金額

日本人は年間2500円しか寄附をしない

日本が7000億円、アメリカが34兆円……。両者にかなりの差が開いた金額ですが、正解は②。年間の寄附金額の比較です。国民1人当たりの平均金額でいうと、アメリカ人は年間で13万円を寄附しているのに対して、日本人は年間たったの2500円。この差、あなたはどう感じますか。ちょっと意外に思われるかもしれませんね。

統計上、日本は先進国のなかでもっとも寄附をしない国です。ほとんどの先進国では、家計の2～3%くらいの金額を寄附していま す。アメリカは3%です。ところが日本人は、家計のたった0.08%しか寄附をしないのです。さらに、寄附主体における個人の比率を見ると、日本は36%です。残りの64%は企業や団体になります。一方、イギリスでは個人の比率が60%、アメリカでは76%も占め、いかに一般の人々が寄附を行っているかがわかります（表1-1）。

もう少し詳しくお話すると、寄附については、する人としない人に分けられます。日本の場合は、3人に1人が寄附をしている。3人に2人は、年間0円ということです。全体の年間平均金額が

表1-1　日米英の年間寄附金額の比較

	寄附総額	成人1人あたりの金額	寄附主体の個人比率
日　本	7000億円	2500円	36%
アメリカ	34兆円	13万円	76%
イギリス	3兆円	4万円	60%

出典：JST理科教育支援センター調べ（2009年）

2500円ということなので、日本人の3分の1が年間7500円寄附をしていて、3分の2がまったく寄附をしない、というイメージです。アメリカはどうかというと、1人あたりの年間平均は13万円、かつ、寄附をしている割合は、3人中2人です。アメリカ人も3人中1人は寄附をしていません。

この話をすると、「アメリカは寄附をすると税控除があるから、お金持ちが税金対策で行っているのだろう」とよく言われます。確かにそういう面もありますが、実は年収が低くなれば低くなるほど、世帯収入に占める寄附の比率は上がっています。額は小さいかもしれないけれども、率は高い。年収200万円ぐらいの人も、給料の5%ぐらい寄附をしているのです。実は、日本人も低所得者ほど寄附をしているというデータがあります。

では、日本で寄附をしていないのは誰なのかというと、サラリーマン層です。定期的にお金が入ってくるのにもかかわらず、1円も外には出したくない。世の中にお金を回そうという意識が希薄な人たちが多いのです。

日本人のタンス預金についてはQ．13にも

日本人は世界一ケチな民族？

アメリカ人は「金融資本主義者でお金のことばかり考えている」民族で、日本人は「献身的でとても公共心があり、お金のことをあまり考えていない」。そんなイメージがみな

さんの心のどこかにありませんか？　ですが、日本人はお金に対して、実は異様ともいえる執着心を持っています。寄附もしないし、投資もしない、とにかく貯蓄が大事。現金を手放さないで、大切そうに抱えているのが日本人の実態なのです。

その理由のひとつに宗教的な側面があるといえそうです。キリスト教、イスラム教、仏教、いずれも寄附や社会のためにお金を使う文化を持っています。宗教が生活にあまり根付いていない日本には、この文化がないのかもしれません。

寄附をしないのが絶対にダメだ、といっているわけではありません。でも、日本人はちょっと自分たちのことを美化しすぎなのではないかな、と思うのです。

Q.7

100円玉を投げて、数字の面が表に出たらあなたは1万円を獲得。裏が出たら、あなたは5000円を支払う。勝負はたったの1回限り！

このゲーム、チャレンジする？

❶ する

❷ しない

合理性で捉えられない損失への恐怖

この勝負、冷静に期待値を計算して考えてみると、やった方が絶対得するゲームですよね。表か裏の確率は50％で、得られる金額は損する金額の2倍だからです。でも、おそらく、「しない」と答えた方が多いのではないでしょうか。

実際、この条件ではゲームに参加する人はほとんどいないそうです。それは「損をする」のがそれだけ心理的に苦痛だから。「何かを得る」か「何かを失う」という選択をする場合に、人間は本能で「損失を回避したい」という気持ちの方が強くなるようにできています。これは行動経済学でノーベル経済学賞を受賞したプリンストン大学のダニエル・カーネマン博士らが「プロスペクト理論」として統計的にも実証したことです。

さて、もうひとつ、先ほどのコイン投げゲームの別のシチュエーションについて考えてみてください。あなたはどちらを選びますか？

①無条件で9万円を没収される
②コインを投げて表が出たら20万円没収されるが、裏が出たら1円も没収されない

いかがでしょうか。もしかして②を選んだのではありませんか？ ②は50％の確率で

20万円の損失ですので、期待値としては①の方がマシなはずですが、人は「確実に損をする」のを避ける傾向にあり、50％の確率で1円も損をしない方に賭ける人が多いのです。

自分の癖を知りお金と向き合おう

このようにお金をめぐる選択においては、人間は必ずしも合理的な行動を取ることができません。人は利益を得る場面では「利益を確実に手に入れることを優先」するし、反対に損失を被る場面では「損失を最大限に回避することを優先」するため、「利小損大」の行動を取りやすい。つまり、損失を避けようとする行動が、結果的に損だということなんですね。

ちなみに、冒頭のゲームで「獲得額が損失額の何倍だったらチャレンジするか」という分岐点のポイントは、日本人はかなり低い（損失が少なくならないとやらない）のだそうです。この「損失回避」の傾向には国民性が相当現れるようで、日本人は特に失うことの痛みを強く感じる民族だと言われています。「損をしたくない」という気持ちは、日本社会全般に蔓延しているような気がします。Q.２「お金の話はタブー」や、Q.６でも解説した寄附の金額の少なさなどにも影響しているでしょう。あとでじっくりお話ししますが、

「日本人の投資嫌い」はこの「損をしたくない」マインドが根深いところにあります。

他にも、将来により多くの利益が待っているとわかっていても、目先の利益を優先してしまう「現在志向バイアス」などもあります。「今もらえる5万円」と「1年後にもらえる7万円」では、前者の方を選びがちだということです。こちらも日本人は他国に比べて短期志向が強いそうです。

お金と向き合う最初の一歩としては、こうした心理バイアスの存在を知るだけでも構いません。自分にはこういう心理バイアスがかかっているんだ、と知っていれば、さまざまな対処も可能だからです。

Q.8

臨時収入100万円をもらえることになりました。あなたは何に使いますか？

1 旅行、趣味

2 貯金

3 投資

貯金しておけば、とりあえずOK……？

　ボーナスのような臨時収入があったときの使い道、あなたはどれを選びましたか？　ここぞとばかり、「①旅行、趣味」に使おう、というのもいいですね。おトクな税制も始まりましたので、「③投資」を選んだ人も多くなってきたかもしれません。とはいえ、それでも多くの人が、「②貯金」を選んでいるのではないかと推測しています。

　毎年、夏や年末のボーナスの時期になると、その使い道のアンケート調査が行われています。2017年もあったので結果を見てみると、「何に使いますか？」という質問なのに、第1位がたいてい「貯金」なのです。貯金って「使い道」なのでしょうか、ちょっと変な感じがします。さらに、2018年の年初のニュースで私がもっと驚いたのが、「今年頑張りたいこと」というアンケートの1位も「貯金」だったということです（図1-2）。

　もちろん、貯金自体が悪いこととは思いません。教育や住宅など、ライフイベントに必要な金額を計算し、目標を立て

図1-2　2018年に頑張りたいこと

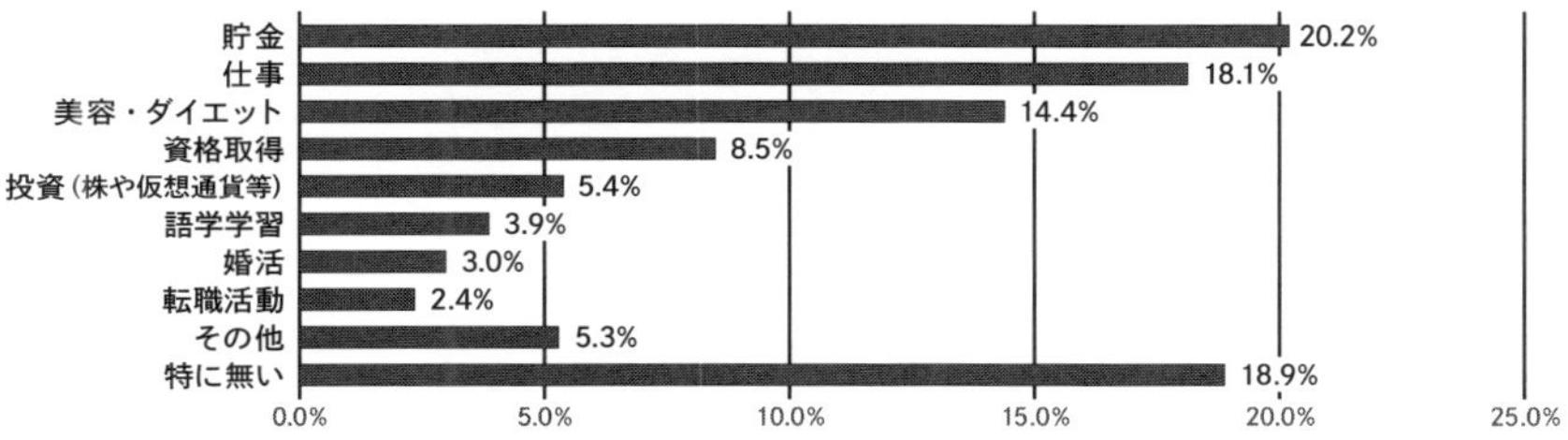

調査対象：全国の男女（20歳～59歳）、n=1005　　出典：モニタス

て準備していくのも大事なことです。ただ、どんな調査でもこのように「貯金」が1位と出てくるのには、ちょっと違和感がありました。何かやりたいこと、ほしいもののために貯金するというよりは、「なんとなく不安」「将来のためにあったほうがいいはず」という漠然とした思いから、「とりあえず貯金」という選択をしているような気がするからです。「②貯金」を選んだ人は、「何に向けての貯金なのか」ということをあらためて考えてみてほしいと思います。

日本人の貯金好き、投資嫌い

実際に統計上でも、日本人は「貯金が大好き」なのです。いま、日本人がどのような金融資産をどのくらい持っているのか、概観してみましょう。日本銀行が発表した数字によると、2018年3月末時点で、日本の個人金融資産の合計が1829兆円とされています。そのうち5割以上の960兆円ほどが「現金・預金」となっています（図1-3）。

図1-3　家計の金融資産構成（2018年3月末現在）

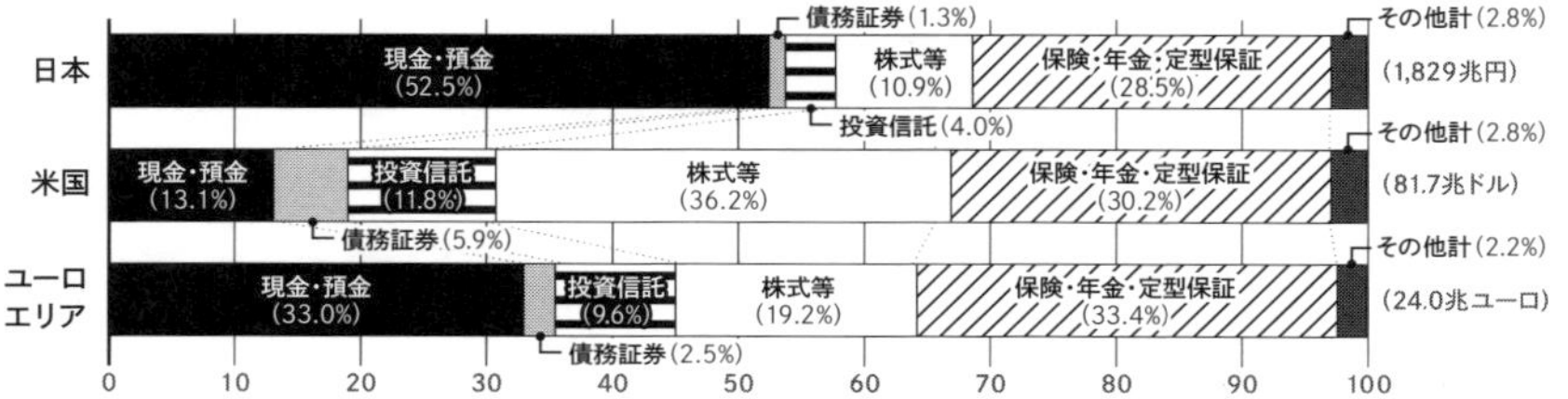

＊「その他計」は、金融資産合計から、「現金・預金」、「債務証券」、「投資信託」、「株式等」、「保険・年金・定型保証」を控除した残差。
出典：日本銀行調査統計局『資金循環の日米欧比較』2018.

この5割以上という現預金比率は、欧州では33％、米国では13％ですから、世界のなかで飛びぬけてすごく高い数字です。欧米では株式や投資信託（投信）、保険、年金などの運用が主なのに、日本人は現金、預金ばかりです。

「貯金大好き」な一方で、「投資嫌い」な日本人。金融資産構成では株式は199兆円、投信は73兆円です。実は、日銀が発表するこの投信の残高について、最近ちょっとした騒ぎがありました。日本の投信市場はここ数年、右肩上がりに伸びて「100兆円規模」と言われるまでになり、資産運用業界では「貯蓄から資産形成へ」の流れが着実に進んでいると評価されていました（実際、2017年12月末時点の統計では投信残高は109兆円となっていました）。

ところがこの日銀の発表には推計のミスがあり、なんと30兆円も過大になっていたことが判明したのです。「100兆円規模」のはずの投信残高は、計算し直したところ70兆円程度しかなく、しかもここ数年は伸び悩んでいたことも明らかになりました。

この件はニュースなどでの扱いはあまり大きくありませんでしたが、日銀の発表がこれほど実態とかけ離れていたというのは、もっと深刻に受け止められるべきことではないかと思っています。

それにしても、日本人だけなぜこんなに「現金信仰」があるのでしょう。リスクを過剰に恐れてしまうのは、どうしてなのか。この後の問いでも考えていきたいと思います。

Q.9

あなたは日本の政治に何を期待していますか？

1. 経済成長
2. 格差是正
3. 平和外交

政治の要素は3つに大きく分けられる

さて、あなたはどの項目を選びましたか？　どれも政治にとって外せない事柄ですから ちょっと悩んでしまいそうですね。もちろんどれが正解ということもありません。日本の政治に何を期待するかは、人それぞれでしょう。

政治とはシンプルに考えてみると、この3つで成り立っていると言ってもいいかもしれませんね。どれだけ国を成長させて、全体のパイを増やしていくかを考えるのが「①経済成長」政策です。ただ、こちらを推し進めていくとどうしても成長できるところとできないところができてしまうため、個人レベルでは富裕層と貧困層という格差が生まれ、都市と地方という格差も生まれてしまいます。そうした問題をどのように解消していくのか、というのが「②格差是正」政策です。

また、日本は平和憲法のもとで平和を維持してきたという自負がありますが、昨今では北朝鮮問題をはじめとして不穏な流れも漂ってきています。強硬的な態度をとるのか、融和的な態度をとるのか、軸を持った「③平和外交」の政策が求められるときでもあります。改めて見てみると、どれも大切な要素です。このように、政治と経済は切っても切れない関係にあるのです。

そして、この3つのウェイトが政党によって違うわけですね。この3つのウェイトが日本人の総体としてシフトすることによって、政権交代が起こるともいえます。

安倍政権の自民党はまさに「経済成長」重視の方針でした。2012年からのアベノミクスというのは「3本の矢」と呼ばれる政策によって経済成長を目指す、と打ち出したものでした。第一の矢としての大胆な金融緩和と、第二の矢の公共事業などへの財政出動によって、多くの経済指標が改善しました。第三の矢である規制緩和などによる成長戦略も実行されていました。ところがそれだけで支持率が上がるというわけでもないのが難しいところです。

またアメリカの場合、経済成長を長らく優先させてきたことによる格差の拡大がトランプ大統領誕生の背景にあるとされています。

投票率の低迷が特に若年層を中心に深刻で、政治への関心度の低下が懸念されていますが、それは政治の捉え方が漠然としていることが大きな原因だと思います。

例えば、まずはここに挙げたシンプルな3要素のうち、自分ならどのようなウェイトで力を入れたいか、すなわちどこにお金をかけたいか。そこを考えることからスタートしてみると少しイメージしやすいのではないでしょうか。そのあとに、どの政党を支持するか、という具体的な話につながっていきますし、要人の発言を聞いても、どの要素を優先している立場からの発言なのかを意識することができるようになるでしょう。

住んでいる自治体の政策も見てみよう

少し話が変わりますが、政治を考える最初の一歩という意味では、まずはあなたがお住まいの地域の町長さん、市長さんがどんな人なのか、興味を持って見てみるといいと思います。選挙の公約を見ると子育て支援策の拡充、災害などに対応した安全対策など、身近な問題が並んでいるはずです。どのようなバランスで取り組んでいこうとしているのか？　自分の暮らしに関わる話ですから、よりリアルにイメージできるのではないでしょうか。

私は仕事柄、全国各地を行脚していますが、元気な自治体、そうでない自治体の違いはどこにあるかというと、かなり大きいのが首長さんの手腕ではないかと思っています。多くの自治体では、財政健全化が優先課題になっていますから、ビジネスをわかっている方が首長のところがやっぱり強いのです。

以前、富山市の市長である森雅志さんとお話させていただいたことがあります。人口減少と高齢化という課題を前に、抜本的な対策として「コンパクトシティ戦略」と「健常な高齢者育成戦略」の一体的な取り組みを積極的に進め、成功を収められています。お話を伺っている間、市長というより、起業家と話しているような錯覚を覚えました。Q.21では「企業の経営者に求められる役割」についてお話ししますが、そんな観点で首長さんを見てみてもいいかもしれませんね。

Q.10

あなたは将来、
年金にどの程度期待していますか？

❶ 生活の支えとして
年金を重視している

❷ 当てにしていないので
自分で老後の資産をつくる

❸ 当てにしていないが
どうしたらいいかわからない

年金が頼りにならないなら、まずは自分で動くしかない

2025年、「団塊の世代」と呼ばれる層が後期高齢者になる「2025年問題」があります。後期高齢者の年間医療費は平均の3倍とも言われますから、当然、介護・医療費など社会保障費の急増が懸念されます。増大する社会保障給付費の負担は、現在減少に向かっている15歳から65歳までの生産年齢人口の層が担っていくことになるわけです。今後、現在と同じように公的年金だけを頼りに老後を、という状況は難しくなってくるでしょう。「①生活の支えとして年金を重視している」と答えた方は、もう少し危機感を持って対策をしておいた方がいいかもしれません。これからは国民一人ひとりの自助努力が必要となってくることは間違いありません。

自分で老後の資産をつくるための有利な制度も登場しています。まずはぜひ活用していただきたいのが、2018年から始まったつみたてNISAです。「年間40万円」の範囲内で投資信託を積み立てていくと、「最長20年」にわたって、受け取る分配金や解約したときの利益が非課税になるという制度です。通算で最大800万円までの投資に対する運用益が「非課税」というメリットを受けながら運用できることになります。この運用益が非課税というメリットは、かなり大きなものです。例えば運用して10万円の利益が出たとしましょう。通常は約20%が課税されるので、手元に残るのは8万円程度。これがつみたてNISAでの取引なら、まるまる10万円が手元に残るのです。

また、金融庁はつみたてＮＩＳＡの対象となる商品を限定しています。これまで業界で売れ筋だった毎月分配型などの商品、手数料が高い商品は、つみたてＮＩＳＡの対象外です。長期投資に向かないと考えられるものが排除されたことで、つみたてＮＩＳＡを利用する人が安心して商品を選べる環境が整ったといえるでしょう。

他に、税制メリットのある制度には「ｉＤｅＣｏ（イデコ／個人型確定拠出年金）」もあります。こちらは、掛金を払うときは「掛金が全額所得控除」となり、積立金を運用するときは「運用益は非課税」で、給付金を受取るときも「税制優遇措置」というかなりおトクな制度です。２０１７年1月から、公務員や専業主婦、企業年金に加入している会社員も含め、基本的に60歳未満のすべての現役世代が加入できるようになりました。原則60歳まで引き出すことはできないので、年金代わりとして使うのがぴったりです。

投資信託についての詳細は第5章へ

ため込むばかりも考え物、希望最大化戦略をとろう

「将来不安を解消するために手を打ちましょう」とお伝えしたい一方で、お金をたくさん貯めて安心なのかというと、そうともいえないのが本音のところです。

今、日本人は2つのグループに分けられると思っています。「希望最大化」戦略をとる人々と、「失望最小化」戦略をとる人々です。

まず、過半数以上を占めていて、そして近年さらに拡大傾向にあるのが「失望最小化」の人々です。「将来には、どうせ失望が待っている……」という考え方で、失望がデフォルト（初期設定）なので、行動原理もリスクを最小化する方向で成り立っています。今いる会社は好きではないけれど、転職したらもっとブラックなところにいくかもしれないから、しょうがないから我慢しよう。友人を増やすと傷つくことがあるかもしれないから、増やさない。インフレが起きてお金の価値が下がってしまうとしても、貯めておけば何とかなる。将来に対する期待がマイナスだから、挑戦することは絶対的に「損」なのです。とにかく節約、節約……こういう考え方です。

一方、「希望最大化」の人々も確実にいます。「将来は明るいし、挑戦したほうが喜びは大きくなる」と前向きに考えられるグループです。自分を成長させるため、そして社会に貢献するために、「自分にできることは、積極的に取り組もう」と考えます。変化を望み、自ら進んで動き、希望を最大化させるべく活動します。このグループの人は、何もしないことがリスクだということもわかっているので、消費や投資行動にも前向きです。

これからの日本では、「希望最大化」の人々と「失望最小化」の人々、つまり「動く人」と「動かない人」の格差がさらに広がっていくのではないかと思っています。気の持ちようなのですが、未来に夢や希望を持てるかどうか、というのは日本人一人ひとりにとても大事なことです。あなたの今の気持ちはどうでしょうか？

Q.11

お金がある人は幸福だと思いますか？

❶ 思う

❷ わからない

❸ 思わない

あなたにとって「お金」の優先順位はどのくらい？

「宝くじ当たらないかなあ」「お金があったらもう働かなくていいのになあ」――。なんて言葉はよく聞きますが、あらためて「お金がある人は幸せなのか」と正面から考えることってあまりないですよね。お金と幸せの関係性。どうでしょう、ちょっとドキッとして迷う質問だったのではないでしょうか。

お金があれば幸せなのかは、具体的に「お金がある」状況を考えてみるとわかりやすいかもしれません。例えば、私の場合。「お金がたくさんあったとして、ほしいものはなに？」と問われたら、たぶん「スタインウェイのピアノ」と答えます。ですが、そのドイツ製の最高級ピアノが手に入ったとして、それで幸せか、といわれたらやっぱり違う。なぜならば、スタインウェイのピアノを弾きこなすだけの腕前がなくては意味がないからです。楽器を眺めているだけでは寂しいですよね。スタインウェイに見合った演奏のスキルを身につけるには、すさまじい鍛錬が必要となります。膨大な練習時間を割かないといけないほか、その練習には集中力、体力も必要となるでしょう。

人生で「時間」「体力」「お金」、この3つが同時にそろうことはめったにないらしいです。時間と体力がある若いうちはお金がなく、地位を得てお金を手に入れたときには時間がなかったり、健康を損なっていたりします。人はついつい無いものねだりをし、所与のものの価値については軽く考えてしまいがちです。

今、あなたは3つの要素のうちどれを持っていて、どれを持っていないのか。そのバランスはどうか、あらためてチェックしてみてください。働き盛りの世代は時間や健康と比べると、お金の優先度は意外と低かったりしないでしょうか。「お金はそこそこあればいい」という人が多いはずです。

必要条件ではあるけれど、十分条件ではない

お金と幸せの関係を考えるときに、よく紹介されるデータがあります。ノーベル経済学賞を受賞したプリンストン大学のダニエル・カーネマン教授らが２０１０年に発表した調査データです。ある一定の水準を超えると年収が上がったからといって、必ずしも幸福感が上がるとはいえないというもので、そのボーダーラインは7万５０００ドルといわれています。当時の為替相場を考慮して1ドル＝１００円で邦貨換算すると、７５０万円になります。

つまり、年収が７５０万円以下なら収入が上がれば幸福感も上がっていくのですが、７５０万円を超えると「稼げば稼ぐほどハッピーになれる」わけではないということです。お金がたくさんあるからといって幸せとはいえないということですね。

年収の他に金融資産についても将来が不安にならない程度には準備しておいたほうがいいと思いますが、資産があればそれで安心かというとそうではありません。

すなわち、お金は幸せに人生を過ごすための「必要条件」ではあるけれど、「十分条件」ではないということです。このことはあなたがこれからお金と付き合っていくために、とても重要な考え方になってくると思います。

COLUMN 1 ブラジャーで育ったファンドマネジャー

私が学んだお金の哲学

日本一のブラジャー販売員

右の写真は、小さい頃の私。隣にいるのが母です。おそらく母は「日本一ブラジャーを売った女性」ではないかと思います。

どういうことかというと、彼女はワコールという会社で40年以上販売員をしていたのです。営業成績はいつもトップクラス、何度も表彰されていました。あまりに販売が上手だということで、還暦を過ぎてもしばらく嘱託で売り続けていました。成績もよく、勤めていた期間も長いわけですから、日本で最もブラジャーを売った女性かもしれない（もちろん確証はないのですが）ということです。

母は、毎日ブラジャーを売ることに全力投球していました。家でもブラジャーの話ばかりしていました。食卓の話題の3分の1ぐらいがブラジャーだったのです（笑）。「今日は10枚売れたのよ！」とか「今日は3枚しか売れなくて残念だ」とか「どこそこのお母さんが買ってくれて」とか……。私も中学生くらいになると思春期ですし、自分の母が女性の下着の販売員をしているのはなんとなく恥ずかしい。当時はすごく嫌でした。

でも、振り返ると今の私があるのは、母のおかげだと考えるようになりました。我が家はお金持ちの家庭というわけではなかったので、父の稼ぎに加えて、母が一生懸命働いてそこで稼いだお金をそのまま私たちの教育にかけてくれました。本を買ったり、ピアノを習わせてくれたり、大学でちゃんと学んだりすることができたのも、母のおかげなのです。

働く母の背中が教えてくれたこと

母のおかげ、というのは、教育費の面だけではありませんでした。彼女は自分自身の仕事に誇りを持っていました。「女性を美しくしたい」というワコールの企業理念のもと、自分自身のスキルを徹底的に磨いていたように思うのです。接客の際は、お客さま一人ひとりの名前や似顔絵、購入商品などのほか、趣味や家族のことなど、まめに手帳にメモを取っていました。それぞれの人にカスタマイズした接客をするためです。どうしたらリピーターになってもらえるのか、彼女なりに工夫していたのです。実際に、その方と娘さん、そしてお孫さんと三代にわたって母から下着を買っているということもあったようです。

母の働く姿は（思春期の頃は恥ずかしく感じたけれど）、とても楽しそうでした。私は子供の頃からそうやって母が楽しそうに働く姿を近くで見ていたために、「働くことは自分の能力を生かすことで、楽しいことだ」というイメージが、無意識に刷り込まれていたのだと思うのです。

もともと「働くこと＝悪」というネガティブな意識がなかった。「仕事観」と「お金観」は密接に繋がっています。楽しく働く大人が身近にいたこと、そして、会社と従業員の理想的な関係を目の当たりにしていたこと。その原体験こそが、今思えば実は大きな財産だったのかもしれません。

そのおかげで、私が大人になりファンドマネジャーとして働くことになったときにも、「日本のいい会社をたくさん見つけて、応援する」という仕事を天職だと感じ、「お金」に対してもポジティブなイメージを持つことができた。バブル崩壊後、日本のサラリーマンのなかにはストレスをためながらいやいや働く人が多いなかで、それはとても幸運なことだったとも思います。

そんなわけで、私は最近講演の自己紹介では「ブラジャーで育ったファンドマネジャー」と話すようになっています。

第2章

お金と経済
——経済の仕組みのなかで、お金はどう流れているのか

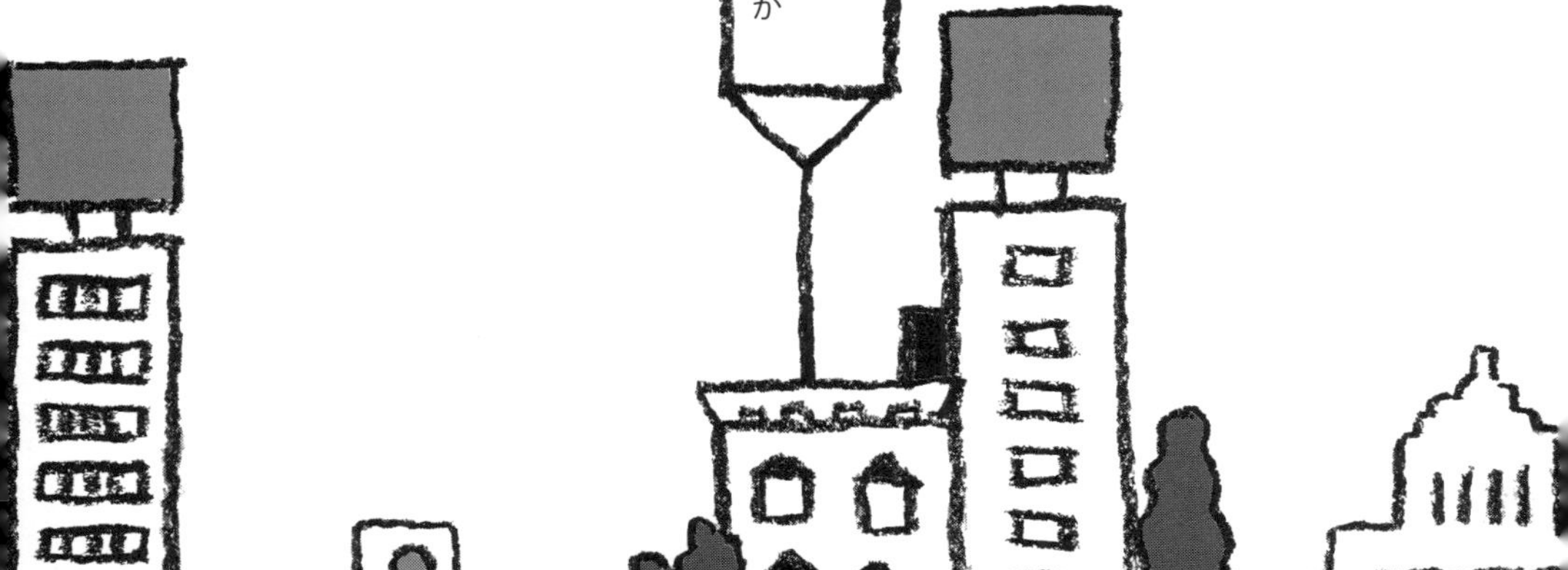

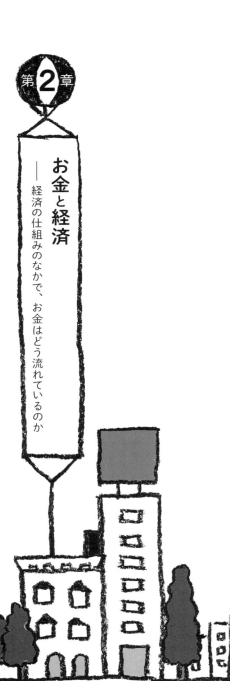

Q.12

あなたはコンビニでペットボトルのお茶を買いました。値段は150円。あなたが支払ったその150円は、コンビニのレジに収まったあと、どこへ行くのでしょうか？

1. コンビニの店員
2. 飲料メーカー
3. ペットボトルのパッケージデザイナー
4. ペットボトルを配送するドライバー

ペットボトルから「経済」が見える

私は明治大学で、起業や起業家精神について学ぶ「ベンチャーファイナンス論」の授業を受け持っているのですが、そこの大学生に同じ問題を出したところ、ここに挙げた選択肢のように、さまざまな答えが返ってきました。

学生A「コンビニの売り上げになるので、店員の給料になる」
学生B「そのお茶をつくったメーカーの売り上げになる」
学生C「ペットボトルのパッケージデザイナーにも支払われるはず」
学生D「それだったら、コンビニに商品を運ぶ運送業者の利益にもなるのでは？」

実は、どれも正解です。この問題の正解はひとつではなく、ほとんど無限にあるからです。あなたは、どのような人、もしくは会社をイメージしたでしょうか？

あなたが支払ったペットボトルの代金は、まずはコンビニ店舗の売上となります。すると、その売り上げはお店で働いている人の給料にも反映されますね。仕入れ元のメーカーの売上にもなっているわけですが、その生産の背景を追っていけば、さらに茶葉を栽培する農家の利益にもつながっていることがわかります。ペットボトル容器を製造するには原材料である石油が必要ですから、石油会社の人たちの売り上げにもなっているでしょう。

製品として売り出す際には、パッケージをデザインする人やラベルの印刷業者も必要です。ペットボトルはメーカーからお店に輸送するので、輸送業者のドライバーの給料にもかかわってくるでしょう。

こうして挙げ出すと、キリがありませんね。あなたがコンビニのレジで特に意識することなく支払った「150円」というお金は、最終的にこれだけの人たちに分配されているのです。もちろん、150円分の硬貨がその人たちに直接渡るという意味ではなく、直接的・間接的にかかわっている人を挙げていくと、それこそ無限大に広がっていくという話です。逆に、150円という商品の価格も「かかわった人に分配するべき金額の合計」で決められていると考えることもできるでしょう。

あなたも一人の投資家

このように想像力を働かせてみるだけで、ペットボトルの背後に、何百人、何千人、何万人もの人たちが見えてくるでしょう。あなたが何気なく支払った150円は、たくさんの人を支えていることがわかります。もちろん、お茶を飲むことで今度は自分が支えられているわけですから、150円を支払い、お茶を買うという行為は「周りを支え、自分も支えられる」という関係を生み出しています。ペットボトルを事例に挙げましたが、これは私たちがお金を出して買うものすべてにいえることです。無数の人々の仕事がつながって、その間でお金が循環しています。

それこそが「経済」の構造です。経済とは、「お金を通じて支えあうこと」。私たちが消費したお金は誰かの給料になり、私たちが得る給料は、誰かの消費のおかげです。このことは、私たちの消費活動が、必ず誰かの生産活動につながっていることを表しています。このつながりのことを「互恵関係」といいます。

つまり、「消費」はそれだけでも社会を創造すること、社会に貢献することなのです。さらに、自分がよいと思ったこと（もの）に自分のお金を使うという行為は、そのよい商品やサービスを提供してくれている会社やそこの従業員たちを応援する行為と同義である、ともいえます。この観点から考えてみると、「消費」はよい社会をつくるための「投資」への第一歩。買い物をしている時点ですでに、あなたも一人の投資家なのです。

第2章では、私たちの普段使っているお金が、単なる交換手段としてだけではなく、社会とつながるための大きな役割を持っていることを、イメージしていってもらいたいと思います。

Q.13

日本国のタンス預金（金融機関に預けられておらず、「自宅保管」されている現金）はいくらくらいあると思いますか？

1. 4000億円超
2. 4兆円超
3. 40兆円超

タンスに眠らせたお金は社会の役に立たない

日本人の「現金主義」が強いことは、Q.8でも見てきましたね。さらに現金・預金のなかで金融機関に預けられておらず、「自宅保管」されているものを「タンス預金」といいますが、この「タンス預金が多い」というニュースを耳にしたことはないでしょうか。金融機関に預けていても金利が低いということに加え、ペイオフ対策や相続税対策、マイナンバー対策などから、富裕層を中心にタンス預金をする人が多くなっています。

多いといっても、いったい金額としてはどのくらいの規模なのでしょうか。答えは…43兆円（2017年第一生命経済研究所）。といっても、スケールがよくわからないかもしれませんね。日本の実質GDPが529兆円（2017年）といえば、この43兆円の大きさもわかるのではないかと思います。

ちなみに「タンス預金」という言葉は、例え話ではありませんよ。地方の高齢者のお宅では今でも見かける光景で、本当にタンスや壺《つぼ》（最近は靴箱、冷蔵庫ということもあるそうです）のなかに、札束がぎっしり詰まっているのです。

実際に聞いた話ですが、以前、関東地方で大水害が起きたとき、ある金融機関が避難所に臨時のATMを設置したところ、たった1時間半ほどでATMがお金でいっぱいになってしまったそうです。どういうことかわかりますか？「当面のお金を引き出せるように」と設置されたはずのATMでしたが、避難してきた人たちの多くがタンス預金をリュックなどに詰めて持ち出していて、それをいっせいに預けたため、引き出されるお金より預けられるお金のほうが多かったということです。

銀行や郵便局にただ預貯金として入れていても、金利はほとんどつきません。それでも預けていれば、銀行がそれを元手にして、運用したり融資したりしますから、それらは少なくとも社会に回っていくお金です。ところが、タンスや壷、金庫に入っているお金というのは、ただ眠っているだけ。それだけでは何の役にも立っていないのです。

Q.1でもお話したように、私は「お金＝エネルギーの缶詰」だと考えています。エネルギーをどう使うか、どのように世の中に活用するかが、お金の価値なのです。だとすると、タンス預金というのはエネルギーが消滅した「死んだお金」です。43兆円ものお金がエネルギーを失って眠っている状態です。本当にもったいないことです。この一部でも動きだすだけで、日本社会はぐんと活性化していくだろうと思います。

現金、株式、バーチャルなのはどっち？

ところでこれもよくお話しすることなのですが、1万円札と、1万円の時価がついた株式だったら、どちらのほうが「バーチャル」だと感じますか？　きっと1万円紙幣がリアルで、株のほうがバーチャルだ、と思う人も多いのではないでしょうか。あるいは、結局どちらも「みんなが1万円の価値だと思っている」のだとしたら、同じことでしょうか…？

そこで、まずは1万円札の原価を考えてみましょう。紙幣って、よく考えたら「紙」ですよね。精巧な印刷が施されているので普通の紙よりは高級ですが、それでも実際の製造コストは20円だそうです。たった原価20円のものを1万円の価値だと「思い込んでいる」から、ありがたがられて流通しているだけで、現金というのは実に頼りない存在なのです。

一方で、株式はどうでしょう。現金と違って株式は「株式会社そのもの」と紐付いています。例えば、株式を100株発行している会社の1株を手に入れたとしたら、そこには会社が持つ有形無形のすべての資産の100分の1の権利が乗っかっています。その価値を人々がどう評価するかで株価が動くことになりますが、少なくとも紐付けられる実体があるわけで、現金よりもよっぽどリアルな存在だといえるのではないでしょうか。

投資、株式についてはまた後の章（第4章、第5章）でもお話ししたいと思いますが、まずは「株式よりも現金のほうが絶対に信用できる」という考えから、少し疑ってみたほうがよいかもしれません。

Q.14

日本●では毎年100兆円近い予算をたてています。
そのうち、「借金」といえる国債発行による収入は何兆円でしょうか？

1. 約10兆円
2. 約20兆円
3. 約30兆円

日本の財政状況をざっくり捉えてみる

皆さんも自分の家計簿はつけたことがあるかもしれませんが、なかなか国の予算についてじっくり考える機会はないかもしれませんね。ざっくりとではありますが、日本の国全体の財政状況を見ていきたいと思います。

国が毎年立てている100兆円近い予算のうち、どれだけの収入を借金に頼っているのでしょうかという問題です。正解は、「③約30兆円」。国債発行による収入って、毎年30兆円以上もあるのですね。それ以外を、所得税収や消費税収などでまかなっている状態。すなわち国債依存度は34.5％（2018年度予算案）となります。

それにしても、こんなに借金していて、大丈夫なのでしょうか？

財政の健全度を測る指標に、「プライマリー・バランス（基礎的財政収支）」があります。国債費（借金の元利払い）を除いた歳出と、国債収入以外の歳入を差し引きした数値ですが、つまり、国債とは関係なく、政策にかかる経費を借金以外でどれだけまかなえるか、ということを表しています。

そしてこのプライマリー・バランスが、現状では約10兆円の赤字となっているのです。ここに既存の国債の利払いが加わるので、財政赤字は約20兆円。日本には現在、地方を含めた借金残高が1000兆円以上あるといわれていますが、この借金を減らすためには、収支を年間20兆円以上改善させて黒字にしないといけません。

少なくともプライマリー・バランスが赤字のままでは、いつまでも借金拡大が止まらないということで、政府はプライマリー・バランスの黒字化を目指しています。ただ、黒字の達成時期も先送りを繰り返しているのが現状です。1000兆円の借金が減ることはしばらく望めないでしょう。

法律をつくることと予算を決めることが国会議員の重要な仕事です。こうして財政の問題を大まかに意識しているだけでも、選挙でどの党に投票するのか、という自分の選択も変わってくるかもしれませんね。

政治と経済の関係は、Q.9にも

これからのインフレリスクにも備えよう

さて、国の借金がこれだけあると、インフレのリスクも考えなくてはいけません。日本ではしばらくデフレが当たり前だったので、インフレのリスクがピンとこない状況になっています。こんなにもデフレが長く続いたケースのほうが、世界的にも珍しいことなのです。

インフレとは、物価が上がることでお金の価値が下がる現象のことです。Q.13でも見てきたように、1万円札というのは原価としては20円で、絶対的な価値を持つ存在ではありません。出回る1万円札の量が増えれば、1枚1枚が持っている価値は、こっそり減っていきます。同じものを買うのに、たくさんお金が必要になる。それが、インフレです。

つまり、インフレになれば、国の借金の価値も下がるわけですね。２０１３年４月から始まったいわゆる「黒田バズーカ」は「異次元の金融緩和」とも呼ばれ、お金をたくさん流通させてお金の価値を下げることで景気を良くすると同時に、国の借金１０００兆円の重さを相対的に軽くしようとする政策でもありました。

ということは、インフレになると「現金をたくさん持っている人が損をする」ことを意味します。日銀の目標である２％のインフレ率が仮に20年続いたとすると、１００万円の額面は変わらなくても、20年後の「１００万円の現在価値」は当初から3分の２ほどになってしまう。つまり、ここまでお伝えしてきた日本人の「現金主義」のままでは、ちょっとピンチなのかもしれません。先を見据えて備えておく必要があるのです。

Q.15

一時期に20％を超える下落があるような株式市場の「暴落」はどのくらいの頻度で起きると思いますか？

❶ 5年に一度

❷ 10年に一度

❸ 20年に一度

暴落を恐れすぎると投資が始められない？

政治的なイベント、天変地異、テロや戦争、疫病の大規模な感染爆発（アウトブレイク）、経済の基盤の崩壊（システミック・リスク）など。株価はさまざまな理由で暴落することがあります。特に日本は地震国なので災害の脅威と背中合わせです。

こうした株価の暴落が怖いせいで投資が始められないという人はかなり多いです。20％くらいの下げ幅があると、よく「○○ショック」と名づけられます。では、実際この程度の暴落が起きる頻度はどれくらいなのでしょうか。正解は「①5年に一度」。実は、過去を振り返るとだいたい5年にいっぺんくらいは株価の暴落が起きてきたのです。どうでしょうか、意外としょっちゅう起きているんだな、という気がしませんか。

私はファンドマネジャー歴、約30年です。この間には大暴落も何度も経験しています。日本のバブルの崩壊、阪神淡路大震災、地下鉄サリン事件、アジア通貨危機、ロシア危機、山一証券の破綻、IT（情報技術）バブルの崩壊、米同時多発テロ、リーマン・ショック、東日本大震災、チャイナ・ショック……数えきれないほどです。

そのうち私も、株式相場はこういうものなのだ、と体で理解しました。何かの理由で暴落が起こったとしても、「5年に1度がまた来たなあ」と狼狽することはありません。どんなに世界の終わりのような出来事であっても、終わりのない危機はありませんでした。

時間がたてば必ず市場は落ち着いていきます。個人はどうしても慣れていないので、バタバタ慌てて売り買いを行ってしまったり、我慢を重ねた挙句に中途半端なところで売却してしまったりするのですね。

相場は生き物のように「呼吸」している

株価の変動は生き物の「呼吸」のようなものだと考えるとわかりやすいかもしれません。後の章（Q.28）でも詳しくお話ししますが、株式相場とは人間の「買いたい」と「売りたい」のぶつかり合いで成り立っています。そもそも大勢の人間の集合体ということは、行き過ぎたら逆側に戻る。「呼吸」のようなリズムになるのは、自然のことだともいえるのではないでしょうか。

また、急な暴騰というのはあまりなくて、暴落のほうがいつも急角度なのです。じわじわと坂を登っていって、何かのきっかけでドーンと落ちる。呼吸の例えでいうならば「ゆっくり吸って、一気にフーッと吐く」みたいなイメージでしょうか。

なぜかというと、Q.7でも見てきたように、人間は「損失への恐怖」を強く感じやすくできているからです。暴落のときは損失が怖いので、とにかく我先に、と投げ売りたくなってしまう。それが人間心理なのです。

短期的にいつ暴落があるのかを予測することはどんなプロフェッショナルでも不可能です。プロというのは、暴落が起きても「呼吸をしているのだな」と俯瞰し、それに惑わされることなく長期的な目線を持って、有望な投資先を探していく。そう考えるとむしろ、暴落はチャンスだといえるでしょう。

私は投資家という仕事を約30年続けてきましたが、冷静さを失わないためにはやはり日頃のトレーニングが必要です。「株価が下がった」といって余裕をなくすようなファンドマネジャーにお金を託したい人はいないですよね。

マーケットが急騰したからといって調子に乗って飲み歩くこともしなければ、マーケットが下落したからといってイライラして八つ当たりすることもありません。マーケットが上がろうと下がろうと、自分の行動や生活リズムを変えないことなどを心がけています。プロではない個人の方も、長く投資を続けていくことで、こうしたマーケットの「呼吸」に慣れていくと思います。ただし、続けるのにはコツがあります。後でご紹介する「つみたて投資」の手法を参考にしてみてください。

Q.16

「金融教育」とはどんな内容のものが望ましいでしょうか？

❶ 株式売買ゲーム

❷ ビジネスシミュレーション

❸ 経済の用語解説

マネーゲームを助長するリスク

Q．2でもお伝えしましたが、金融庁の調査で「金融教育を受けたことがない」人は全体の7割にも上ることがわかっています。あなたはどうだったでしょうか？

日本の中学校と高校の計6年間で用いる教科書の中で、経済や株式会社について扱っているページ数ってどのくらいか、ご存じでしょうか？　驚くことに、たったの2ページです。経済はカリキュラムとしては「社会科」の中に組み込まれているのですが、社会科といえば日本史、世界史、地理が中心で、経済を勉強する場はほとんどありません。日本では進学した大学が経済学部でもないかぎり、経済をまともに学ぶ機会ってないのです。経済を学んでいない国民が大半の国が、経済大国を目指しているのってちょっと無理があると思いませんか？

これはまずいだろう、ということで、いよいよ金融庁が旗振り役になって金融教育をしっかり行っていこうという方向になっていて、それは素晴らしいことです。でも、大切なのはどういう内容を教えるかということです。

今後の金融教育のあり方についての議論には私も加わることがあるのですが、すごく違和感があるのが「バーチャルマネー1億円で複数の株式に投資をしてゲーム対決しましょうか」という話がすぐに出てくることです。確かに金融教育の一部かもしれませんが、私はその案にはいつも反対しています。何も知識がないところで投資ゲームを体験することによって、余計に「投資はマネーゲームだ」という誤解を強めてしまうからです。経済の本質をつかむことなくテクニックだけ身につけるというのは、とても危険だと考えています。

労働と会社と社会のつながりを理解すること

では、私が考える「金融教育」とはどんなものかというと、実は株式投資に比べるとかなり前段階にあたる「勤労教育」のことなのです。「働くこと」とお金の関係については次の第3章で詳しく考えていくことになりますが、その入り口として、ここでは勤労教育がなぜ金融教育につながるのか、ということについて少し触れておきたいと思います。

私が金融教育として一番効果があると思っているのが「起業体験プログラム」です。ベンチャーキャピタリストである日本テクノロジーベンチャーパートナーズ（ＮＴＶＰ）の村口和孝さんを中心に推進されているプログラムで、教育現場にも少しずつ広がってきています。例えば、ＪＰＸ（日本取引所グループ）でもＣＳＲ活動の一環として（「ＪＰＸ起業体験プログラム推進委員会」）、学校や地域とのコラボレーションが進んでいます。

具体的にどんなものかというと、中学生・高校生らに対して、「起業家」としてゼロからビジネスを立ち上げる経験を提供する体験型の教育プログラムです。運動会や学園祭といったイベントの際などに擬似「株式会社」を立ち上げて、事業計画書の作成から資金調達、実際の運営から決算までチャレンジしてもらうのです。「擬似」といっても、扱うのは本物のお金。会社設立→商品開発→学園祭での商品販売→決算・監査→株主総会→解散、といった会社の経営の一連の流れを、現実世界に限りなく近い条件でコンパクトに体験できるようになっています。事業をしようと思っているけれども、お金が足りないので困っている人に対して、お金が余っている人からの融資や出資でその挑戦を応援する。それが「金融」の役割ですから、会社と金融のつながりについても理解できます。

何より、このプログラムを体験すると、働くことへの意識がポジティブになるといいます。「会社というのは付加価値をみんなで作って、楽しいこともつらいことも乗り越えていく仲間であり、そしてその活動の価値に価格がついて、それが株価なんだ」ということを、参加者みんなが「腹落ち」できるからです。まさに「勤労教育」の理想形といえるでしょう。ビジネスの成り立ちと作り方を学ぶことで、より会社を理解できるのです。

私は「このプログラムを全国1000ヶ所で毎年開催するようになれば、日本経済は復活する」と本気で思っています。そのくらい、日本の教育には「勤労教育」が大切なのです。

COLUMN 2

経営の神様、松下幸之助の金言

私が学んだお金の哲学

成功の要にあったのは…

松下幸之助『素直な心になるために』（PHP研究所、1976）

私が投資の仕事を始めたばかりの駆け出しの頃。ある社長さんをインタビューで訪れると、部屋にはひとつの色紙が飾ってありました。

その色紙には「素直」と書いてあります。聞くと、経営の神様といわれた松下幸之助さんの書だといいます。当時はまだ松下さんがご存命で、晩年によく色紙などに書いていたのがこの「素直」という言葉なのだそうです。

それを見た私は、「松下さん、あんなに偉い経営者なのにそんな簡単な言葉を掲げるなんて、歳をとってボケちゃったのかな……」などと思っていました。今思うと恥ずかしい話です。素直の意味が分かっていなかったのですね。

松下さんはこう記しています。

「素直な心とは　単に人に逆らわず　従順であるということではありません
何ものにもとらわれず　物事の真実と何が正しいかを見きわめて　これに従う心です」

若かった私は完全に誤解していたのです。松下さんのいう「素直」とは、「単純」だとか「従順」だとかいう意味ではありませんでした。あらゆる偏見をなくし、本質に基づいて行動するということです。

私は投資家としても、一企業の経営者としても、素直な心を持ち続けることがいかに難しいことなのかを痛感しています。素直になるためには、いろいろな余計なものを削ぎ落とす必要があるのです。

松下幸之助が見ていた日本の未来

松下幸之助さんの言葉には、最近になってもうひとつ勇気づけられたことがありました。1967年秋、松下さんが『PHP』誌で発表した「株式の大衆化で新たな繁栄を」と題された論文です。この文章は読んだことがなかったのですが、ある業界の大先輩が教えてくれました。ここで日本人と投資の関係性について、松下さんはこう憂いていました。

「大衆個人株主が軽視される風潮がある」

「安心して投資し、株を持つことができにくい」

「昨今はバクチ的な面が強く、短期でもうけるのが当然になっている」

「そのため経営者はさらに個人株主を軽視する」

論文では「我々は、この悪循環を早急に断ち切り、大衆が安心して、喜びを持って株に投資することができる新しい日本にしてゆかねば」と記されており、解決のための具体的な提言もありました。政府、株式を発行する企業経営者、株主（個人投資家）、株の売買を仲介する証券会社、四者に対して「長期投資の必要性」という観点から意識変革を求めているのです。約50年前の文章でしたが、いずれも現在の私の思いと重なることだったのです。かなり驚きました。

残念なことに、50年前に松下さんが指摘していたことは、まだ解決を見ていません。しかし、少しずつ変化の兆しもあるのです。2018年からは金融庁肝煎りの制度である、積み立て型の少額投資非課税制度（つみたてNISA）が始まりました。また、金融庁は顧客の利益を最優先にする「フィデューシャリー・デューティー（受託者責任）」を業界に求めています。また、ここ数年、企業統治指針（コーポレートガバナンス・コード）などが導入され、企業も株主重視の経営に大きくカジを切っています。個人株主の時代は、もうそこまで来ていると思います。

松下さんの思いを受け継いで、私自身も少しでもこの流れの後押しをしていけたら、と考えています。

第3章

お金と仕事

——仕事とお金を気持ちよくつなげるために

Q.17

あなたは「仕事」「会社」が好きですか？

❶ 好き

❷ どちらとも言えない

❸ 嫌い

労働嫌い、会社嫌いが日本の大問題

あなたは、どう答えましたか？ 自信を持って「好き」と答えられていれば、あなたは比較的ラッキーな人だといえるでしょう。というのも、残念ながら日本人の多くが「働くことが嫌い」で、「会社のことも嫌い」だからです。

まずは「仕事嫌い」について、データから見てみましょう。就労している18～29歳の若者に、働くことの意義について尋ねたデータがあります。すると、「働くのは当たり前だと思う」と答えた人が全体の4割しかいなくて、「できれば働きたくない」と答えた人が、全体の3割もいました（2015 電通総研 就労している18～29歳の若者の回答）。

私が担当している大学の講義でも「働く」ことのイメージを受講生に聞いたことがありましたが、やはり多くの人が「働くこと＝ストレスと時間をお金に換えること」だと捉えていました。会社というタテ組織に自分を放り込み、上司から与えられたタスクをこなし自由を奪われる代償として給料をもらうのが仕事、と考えている人が多いのです。

これはおそらく、親やアルバイト、メディアによる影響が大きいでしょう。例えば、仕事から帰ってきた親の愚痴ばかり聞いていた、とか、居酒屋やコンビニのアルバイトでブラックなお客さんからひどい扱いをされて働くイメージが悪くなってしまった、とか……。実際に、学生はアルバイト経験者のほうが、働くことにネガティブなイメージを持っている人が多いようです。

働くことで不幸を感じているなら、自分を不幸にする会社を好きになれない「会社嫌い」になるのも当然かもしれません。自分の会社に対する「愛社精神」を尋ねた調査がありますが、それによると「組織貢献・愛着度」という項目で、日本は世界28ヶ国のうち最下位の31％でした（ちなみに米国は59％、ドイツは47％。２０１２ KeneXa High Performance Institute「従業員エンゲージメント調査」より）。日本人は会社に貢献したいと思っていないし、愛着を持っていません。「日本人は勤勉、日本の会社は家族的だ」などとよくいわれますが、数字を見るとそんなことはないようです。

働くイメージを「つらい」ものから「楽しい」ものに

この質問であなたも仕事、会社のことが「嫌い」と答えたなら、どうしてそう感じているのか、いったん立ち止まって振り返ってみてほしいと思います。会社を「人生の墓場」だと感じ、人生の大半の時間を墓に片足を突っ込んだまま過ごすのは、あまりにももったいない生き方だからです。

本来、働くことは自分らしさを発揮できる楽しいものです。そして、会社とは「目的を同じくした仲間とともに、自らの人生を主体的に生きるためにお金を稼ぎ、同時に社会貢献をも行う」場所です。私は投資家として、そのように生き生きと働く人々や会社を数多く見てきました。

日本人に蔓延している「働くこと＝ストレスと時間をお金に換えること」という思いこみを払拭したい。そこで私が教えている明治大学の授業では、さまざまな起業家をゲストスピーカーとして招いています。その授業のあとでレポートを書いてもらうと、ある学生はこう書きました。

「自分のなかで『働く』というイメージは、楽しくはないが、お金のためにしかたなく行うことだと思っていた。でも、この授業で話してくれた人は、誰一人としてお金のためだけに働いてはいなかった。彼らはみんな、大きな夢や、社会を少しでもより良くするために働いていた。彼らはみんな楽しそうで輝いているように見えて、自分のなかでの働くイメージが、これまでのつらくてきついものから、自分の夢を叶えるための素晴らしいものに変わった」

第3章では、私たちのよりよい働き方と、会社のあり方について皆さんと考えていきたいと思います。

Q.18

会社の価値ってなんでしょうか？

❶ 利益を上げて、日本経済を活性化すること

❷ 働く場所を提供して、給料を与えること

❸ 仲間と協力して価値を創造し、分かち合うこと

会社とは「仲間」という意味

皆さんにとって会社って、どんなイメージですか？　いいものでしょうか、悪いものでしょうか。ひとつ前のQ.17で見てきたように、日本人は会社に良いイメージを持っていない人も多いようです。

「社会に貢献し、人々を豊かにする、だから会社は善である」「営利のためなら社員の犠牲もいとわない、だから会社は悪である」――。私たちは何事も「善か悪か」の二元論で考えてしまいがちですが、会社というものにはそうした二元論は当てはまらないと思います。なぜかというと、会社とは「人」そのものだからです。

皆さんの会社も、社内を見回してみるといろいろな人がいるでしょう。がんばっている人もいるし、がんばっていない人もいます。意地悪な人もマジメな人も、進んで残業する人もいれば、寝ている人やサボっている人もいます。つまり、会社の価値とは「会社を取り巻くすべての人たちの思惑と行動」で成り立っているといえるのです。ですから会社とは二元論でスパッと割り切れるものではなく、もっと「グチャグチャ」したものになるのです。

私は投資家としてこれまで何千という会社を見てきていますが、会社の価値を見極めるためには、そういうグチャグチャとしたものが会社であるという前提に立ったうえで、そもそもの人間への理解が不可欠だと実感しています。

会社は英語で「COMPANY（カンパニー）」といいますが、「会社」という意味の他にも「仲間」という意味があります。「会社」というのは目的を同じにする人たちの集団、すなわち「仲間」である――そう考えてみるとまた少し別の見方ができると思います。

会社の価値についての考え方はQ.24にも

協力し、分かち合う、価値創造運動のサイクル

会社の本来の意味を考えていくうえで、ちょっと話が大きくなってしまうのですが、以前、NHKの番組で見た「人間の起源」についての話をしたいと思います。人間は大昔、アフリカで細々と生きていた弱い哺乳類のうちの一種でした。そんな弱い哺乳類が、なぜここまで生き抜いてこられたのか。多くの大型哺乳類などとの競争に負けず、勝ち抜いていった秘密とは何なのか。その答えは、「協力」、そして、「仲間」、「分かち合い」でした。

大昔、インドネシアで大規模な噴火があり、それによって地球の温度が一気に寒冷化に向かうことにより多くの生き物が死にました。人間の祖先も多くが死んでしまい、絶滅の淵にたたされたそうです。そのなかで、血縁でなくてもお互いが助け合い、少ない食べ物を争わずに分かち合ったグループが生き残ったというのです。

つまり「協力」こそが、人間が生き残った大きな戦略であり、協力することで「仲間」

になり、今持っている資源を仲間と「分かち合う」ことこそが、人間が他の動物と違うもっとも人間的な行動であるというのです。

会社とは人間の集まりとして、家族の次に身近なもののひとつです。多様な人間が助け合い、分かち合うために集まっている。そこには広い意味では取引先やお客様、投資家なども含まれます。当然、人間同士ですから、割り切れないこともたくさんありますし、善悪、入り混じった場所となるでしょう。きっと、これが会社の本質であると私は思います。

これを踏まえたうえで、この設問の選択肢をもう一度見てみましょう。

「①利益を上げて、日本経済を活性化すること」は社会との関係性、また「②働く場所を提供して、給料を与えること」は会社に勤める個人にとっての機能にフォーカスしていますが、いずれも会社の価値のひとつです。ただ、どちらかというとこれらは副次的な要素であり、本質となる「③仲間と協力して価値を創造し、分かち合うこと」を忘れてはいけないと思います。③の意味を強く感じられる会社とかかわることが、おそらく一番幸せなのだろうと思います。人間が根源的に持っている「仲間」と「協力」して「分かち合う」というパワーを発揮できるからです。

Q.19

あなたなら、どの組織で働きたいですか？

1. 知名度の高い大企業
2. 新しく立ち上がったベンチャー企業
3. 公務員
4. 会社には勤めたくない

「損得」や「安定」で選んでいませんか？

この質問、あなたはどういう観点で答えを選んだでしょうか？　もしかして「損得」や「安定」が一番の判断基準にはなっていませんでしたか？　例えば、①を選んだ理由が、「大企業のほうが福利厚生がしっかりしているしおトクだと思う」、③を選んだ理由が「公務員なら安定していて、大きく損をすることがないだろう」など。実際、大学生の就職希望先としては、依然として大企業や公務員が人気を集めています。ただ、この観点だけを理由にキャリア選択をしていくのは、今後はとても危険だと思います。

まず、知名度の高い大企業だから安心というのは現代ではまったく当てはまりません。機動力がないために環境変化に対応できず、大規模なリストラを余儀なくされたり、不祥事が起きて一夜にしてそれまでのブランドが毀損したり……。

こういうことが顕著になってきた背景には、大企業では職務が細分化されすぎて、受け身の社員が増えてしまっていることがあると思います。「仕事とは上司から指示されたタスクをこなすもの」だという職業観が強くなりがちです。右肩上がりに成長できる時代だったらそれでもよかったのですが、変化の激しい環境では受け身の社員が多くいる大企業はついていけなくなってしまいます。

この点、ベンチャー企業は確かに一般的に不安定のように見えますが、投資家として私が観察していると、意外に強い面もあることに気づきます。社員が経営者と目線が近く、同じ目標に向かって動けている会社であれば、万が一何らかの危機的状況に追い込まれた場合にも、一丸となって乗り越えていけるからです。

また、公務員なら生涯安泰なのかというと、それも今後はわかりません。Q.14でもお話ししましたが、今、日本国の負債は1000兆円あり、毎年50兆円のペースで借金が積みあがっています。将来は公務員の給料が払えなくなることだってありえるのです。

仕事ですから、きちんと稼げるかどうかという視点はもちろん大切です。その観点でも、知名度の高い大企業や公務員の方が稼げるかというと、必ずしもそんなことはありません。確かにベンチャー企業は大企業に比べて待遇が劣ることがあります。しかし、アップサイドもある。例えば、大企業の場合は35歳で役員になることはほとんど不可能ですが、ベンチャーや中堅の上場企業に目を向けてみると、30代の役員もゴロゴロいます。35歳で役員になって年収1500万円という人も少なくないのです。また、起業のコストも格段に下がりましたし、独立してフリーランスのほうが稼げるという場合もあるでしょう。会社勤めをする以外の選択肢も増えてきました。

キャリア選択に「好き嫌い」の軸を取り戻そう

キャリア選択には正解はありません。ですが、とにかく私がお伝えしたいのは、「有名な大企業で働くことや公務員になるのが必ずしも幸せとはいえない時代だ」ということです。「損得」や「安定」に偏りすぎたキャリア選択から、ぜひ一歩踏み出してみてほしいのです。

「損得」や「安定」の代わりに、何を基準に選べばいいのでしょう。私は「好き嫌い」だと思います。皆さんは「好き嫌いで決めるなんて」と気がひける人が多いかもしれません。日本人は小さい頃から先生や親兄弟に「好き嫌いで決めてはいけません」と刷り込まれてきたからです。

ところが実は、好き嫌いで決めることほど「高級」なことはありません。「好き嫌い」はその人の性格や生き方、信念と結びついているからです。そしてあなたの「好き」のなかには、「見合った給料がもらえている」とか「自分にとって正義だと思う」などの理由もちゃんと含まれているはずです。崇高な理念で正しいことをやっていても、時給10円だったらやらないですよね。

損得よりも、「好きだな」と思える仕事、会社、仲間たちを選ぶこと。そのためには、普段の食べ物や着る洋服など、何事にも「好き嫌い」で判断をする習慣をつけて、自分自身の好き嫌いの「軸」をつくっていくことも大事かもしれませんね。

Q.20

あなたは今の給料に満足していますか？

1. はい
2. どちらとも言えない
3. いいえ

給料に対する不満足の背景は？

会社や団体に勤めている場合の給料に対しての満足不満足、という質問です。自営業や起業家、フリーランスの人に比べて、組織の一部として所属して「給料をもらう」という働き方をしている場合は、どうしても自分の仕事の内容と受け取るサラリーとのつながりを意識しにくいものです。また、組織が大きくなればなるほど、細分化された「機能」によって部署単位で仕事をしていくので、自分の「機能」に集中できるというメリットもある反面、個人からすると全体のビジネスの流れがつかみにくくなりますよね。毎月もらう給料に対しても、どこかモヤモヤとした思いを抱えがちなのも仕方ないかもしれません。

ただ、「今の給料に満足していない」という答えの裏には、「会社が嫌い」、「あるいは働くことそのものが嫌い」という理由が隠されていることもあります。給料への満足度は必ずしも、金額の多寡で決まるものではないのかもしれません。一般的な給料水準と比べては高くても、「これだけのストレスと時間を差し出しているのに……」という気持ちがあると、その見返りとして捉えている給料についても、なかなかポジティブなイメージを抱きにくいということはあると思います。

あらためて、Q.17で書いた「働くことは自分らしさを発揮できる楽しいものである」という基本の考え方、そしてQ.19でお伝えした「好き嫌いの軸を大切にしよう」ということを考えてみてほしいと思います。ここを押さえておくことで、納得する水準の給料がもらえているかどうかということも含めて、交渉する、転職するなど、働き方をあれこれ工夫しようという意識が生まれると思うのです。

自立した会社員「トラリーマン」を目指そう

組織に所属する一員としてもっと給料をもらいたいということであれば、やはり自分にチカラをつけること。きちんと成果を出して貢献するしかありません。

そこで私が最近お伝えしているのは、「社員の虎」すなわち「トラリーマン」を目指そうよ、ということです。「トラリーマン」とは私の造語です。「高い職業倫理と高度な専門性を持って、顧客のために満足できる結果を残すことのできる付加価値の高いサラリーマン」のことを指しています。虎とはまさに自立した強さの象徴。反対の言葉は「社畜」でしょう。

トラリーマンのマインドセットは「会社に属し、会社のために働かされている」のではなく、「この仕事を、会社を、自分が選んでいる」というものです。彼らが目指すのは出世ではなく、仕事のやりがいです。目先の昇給のための努力というよりは、お客さまのための本質的な努力を重ねます。時間やお金を適切に投資して、専門スキルや人間力を磨く。お客さまの信任を得ることで結果的に組織から必要とされる人材になり、待遇も上がっていくのです。日本の古い体質の企業の場合は「出る杭は打たれる」同調的な体質があるのは否めませんが、もし今の職場がのびのびと動けるフィールドではないということであれば、場所を変えることも一つです。トラリーマンとして身につけたスキルはポータブルですから、転職にも使えます。

会社からどうやって有利な条件で給料を得るか、とばかり考えているうちは、会社にぶら下がって生きる社畜的な働き方から脱することができません。これからの時代はぜひ自立したトラリーマンを目指してほしいと思います。

ちなみに、「トラリーマンはハードルが高い」とおっしゃる方もいるでしょう。実際にはおそらく、そう思っている自信のない人が大部分だと思います。そういう人に対して、私は「ネコリーマンという生き方もある」と進言します。「会社に所属し、生活のためにそのインフラは活用するものの、出世は目指さず、しかし決して社畜にならず、自分の人生を自分でデザインする」、それがネコリーマンです。副業が解禁される流れでもありますし、自分の得意技を活かした副業などを始めてみるのもいいかもしれませんね。

Q.21

企業の経営者に求められる役割とはなんでしょうか？

1. 不祥事を起こさないこと
2. 会社を大きくすること
3. 経営理念を示すこと

経営者は何をモチベーションにしているのか？

有名大企業の不祥事が発覚して、経営陣が謝罪会見をしている……そんな光景を見かける頻度が、最近特に増えました。「①不祥事を起こさないこと」を選んだ人は、その印象が残っているのかもしれませんね。もちろん不祥事はあってはならないことですが、不祥事に気づいているのに「臭いものにフタ」をして隠し続ける経営者のほうが問題です。大企業のサラリーマン経営者はその傾向が強くなります。これはなぜかというと、社長のポストが「ゴール」で、なおかつ任期も短いため、何とか自分の代は安泰に終わらせたい、と考えがちだからです。ですから、不祥事があっても発覚させまいとして、解決を先送りにしてしまう。三代にもわたって不適切会計を続けていたという事実が報じられた東芝が、まさにその典型例といえます。

「②会社を大きくすること」というのも、株主などから求められることではあるでしょうが、やみくもに「大きくすること」が目的化してしまうと経営がおかしくなります。手がける事業に真摯に取り組み、それが顧客に支持されることで結果的に会社が大きくなっていくことが自然です。

私が一番大事な経営者の役割だと考えるのは「③経営理念を示すこと」です。自分たちが社会にとってどんな存在であるべきなのか、経営者はそのビジョンと道筋をメンバーに示すという役割を担わなくてはならないと思います。今期の業績や四半期業績だけを考えるのであれば、それほど重要なことではないかもしれません。しかし、3年、5年、10年という長い目で見ると、しっかりとした経営理念を持っているかどうか、そしてそれを社員全体で共有しているかどうかということが、業績にかなり大きく影響してくるのです。

会社とは同じ目的に向かう「船」のようなもの

会社という形態が生まれたのは、大航海時代だといわれています。ヨーロッパからインドへ船で向かい、インドのお宝を仕入れて売りさばくことで巨万の富を得る人たちがいました。でも、当時の船はよく沈むし、海賊も出没するし、航海は危険に満ちていた。だから、ひとつの船を何人かで所有して、リスク分散をしていたのです。役員をボードメンバーというのも、船の板（ボード）に由来しています。

糸井重里さんが社長を務める株式会社ほぼ日は、社員のことを「乗組員」と呼んでいます。船長が社長である糸井さんです。会社の由来が「船」にあることはご存じなかったようですが、おそらく直感で理解されていたのですね。また、糸井さんは「進路が見えていない時に乗組員同士の信頼関係が失われていく。だから船長の役割は船の向かう進路を示すこと」だとも、お話しされていました。まさにそれが、経営者の役割だと思います。私たちが投資する企業の経営者は、この「船長」の意識をしっかり持った方々ばかりです。

では、優秀な船長とはどんな人でしょうか。私が経営者を見極めるときに注目しているのが次の三つです。一つ目は、意思決定がシンプルであること。意思決定は「真剣で、速やかに」行われることが何より大切です。二つ目は、長期的な目線で考えること。任期が短いサラリーマン社長より、創業経営者やオーナー一族経営者が指揮を執っている船のほうが、必然的に目線が長期になり、嵐を越えて目的地にたどり着けることが多くあるからです。そして三つ目が、徹底した顧客目線を持っていることです。就職先や投資先を調べるときには、経営者がこの要素を持っているかどうか、チェックするといいでしょう。

ちょっと変わった切り口ですが、優れた経営者を見極めるためのコツには、こんなものもあります。「この人がラーメン店を経営するとしたら、繁盛店になるかどうか」イメージしてみるのです。

ラーメン店の経営というのは総合的な能力が求められます。おいしいラーメンをつくって提供してお客様に喜んでもらうこと、お客様との対話はもちろん、マーケティングやプライシング、商品開発力も問われますし、会計だってできなくてはなりません。店が大きくなれば人を雇い、育成をしていくことになります。

例えば、ソフトバンクグループの孫正義社長がラーメン店を経営したら、たちまち人気になって、どんどんチェーン展開をしそうです。どうでしょうか、少し経営者が身近に感じられるようになりませんか？

Q.22

あなたがいま働いている会社の「社是」や「経営理念」を知っていますか？

❶ あるのかどうか知らない

❷ あるのは知っているが、覚えていない

❸ 覚えていて、意識している

社員の立場で考える経営理念とは？

Q.21で、経営者の役割として「経営理念を示すことが大事」ということをお伝えしました。企業理念をトップが熱く語ることに加え、それが社員にもちゃんと浸透しているかどうかはとても大事なポイントです。

実際には、社是や経営理念がない会社というのはほとんどないと思います。ところが、形骸化してしまっていたり、社員にきちんと伝わっていなかったり……。あなたはどうでしたか？　経営者ではなく、会社で働く側の立場としての「経営理念」について考えてみましょう。「何のために働いているか」という大義名分を意識できているかどうかは、仕事のモチベーションに直接的にかかわってくるからです。「③覚えていて、意識している」ことができていれば、働くことの充実感を感じられるようになると思います。

第1章のコラムでも触れましたが、ここで少し、私の母の話をしたいと思います。母はワコールという会社で、40年以上販売員をしていて、営業成績では常にトップクラス、何度も表彰されていました。日本で最もブラジャーを売った女性のひとりだといえるかもしれません。毎日ブラジャーを売ることに全力投球していました。彼女は「女性を美しくする」というワコールの企業理念をよく理解していて、自分自身の仕事に誇りを持って働いていたのです。その姿は、とてもイキイキしていました。

経営理念が浸透している会社は強い

経営理念は、ただ存在しているだけではなく、しっかりと社員に浸透しているかが大切です。私自身が「ここは投資したい」と思う会社も、ビジョンの浸透のための仕組みを取り入れているところが多いです。

例えば、障害者の就労支援や発達障害児の学習支援を行うLITALICO（リタリコ）は、「世界を変え、社員を幸せに」という理念と「障害のない社会をつくる」というビジョンを掲げている企業です。同社では「カルチャーアワード表彰制度」を設けています。これは、理念に基づいて事業ごとに定めたコンセプトについて、どのように実践しているかをプレゼンテーションし合い、表彰する制度です。急成長中の企業ですが、この取り組みによって社員間でしっかり理念とビジョンが共有されています。

また、企業向けに工具や消耗品などの卸売りを手がけるトラスコ中山の場合は、存在理念、経営理念、行動理念と細かく共有されています。そしてそれらの浸透度は、人事評価制度を見ることでうかがい知ることができます。同社では、上司・同僚・部下など多方面からの評価を受ける「オープンジャッジシステム」を実施しているのですが、そのなかで同社の理念に基づいているかどうかが評価項目とされているのです。役員にも実施されるので、とても平等で、かつ徹底していると思います。

ぜひあなたの会社の経営理念や行動規範をもう一度見返してみてください。そこに心に響く言葉があれば（まったく響かないようであれば、その会社で働き続けるのは難しいかもしれません）、自分の立場でどうやって実践できるかを考えてみる。それだけでも、きっと「働くこと」に前向きな気持ちになれるのではないかと思います。

Q.23

ブラック企業はなぜ存在するのでしょうか?

1 経営者がブラックだから

2 生き残るためにブラックにならざるをえなかった

3 コストパフォーマンスを求める消費者が増えたから

マクロとミクロと両方から考えるべき課題

「ブラック企業」とは、従業員に違法性の高い働き方を強いたり、精神的ないじめや嫌がらせ、賃金の未払いなどが常態化していたりするような企業のことを指します。この言葉が流行語になったのは、2013年のことですが、2000年代後半からネットスラングとして使われていました。

そして、2015年末、過酷労働の果てに自殺した電通の女性社員の事件を発端にして、国も本格的に対処を始めています。「働き方改革」がトレンドとなったことで、2017年5月には厚生労働省が長時間労働や賃金不払いなど労働関係法令に違反した疑いで送検された企業などの一覧、つまり「ブラック企業リスト」を作成し、公式サイトで公表しました。社会に警鐘を鳴らす意味で、一定の改善効果は見込まれると思います。ただ、「なぜブラック企業が生まれたのか、存在しているのか」という根本の部分の追究は、もっと必要ではないでしょうか。

今回、あなたはどの答えを選びましたか？「①経営者がブラックだから」は経営者の個々の問題ですね。確かに経営者のなかには、売上げを伸ばすために社員の労働力を搾取しているモラルに問題のある人もいます。そうした経営者をいかに排除するかというのはひとつの課題です。一方で、「②生き残るためにブラックにならざるをえなかった」のような、マクロ環境要因もあるでしょう。外部環境が悪化したことにより、生き残りをかけてブラック企業になってしまったということです。Q.14でも触れたように、日本は20年来、構造的なデフレに苦しんでいます。このデフレ経済に対応するために売値を下げることになるわけですが、そのためには相当なビジネスモデルの工夫が必要です。大量仕入れで原価率を下げたり、工場を使って製造工程を一部簡略化したり、といった方法で対応できればいいのですが、多くの場合は「人」にしわ寄せがきています。従業員に長時間労働をしてもらう、従業員の数を減らす、賃金を引き下げるといった手段になってしまうのです。

「③コストパフォーマンスを求める消費者が増えたから」は客側の問題ですよね。デフレ環境下において生活を守るために、より安くより良いサービス、いわゆる「コスパ」を求めるのが賢い消費者とされてきました。ところがコスパ信仰が行き過ぎたせいで、生産者や販売者に対し、相対的に消費者の立場が強くなってしまった。実は消費者がブラック企業を生み出す構造に手を貸している状況もあります。

ブラック企業を生まないために私たちができること

ブラック企業をこれ以上増やさないために、国や企業が動き出しています。ですが、私たちにもできることがあるでしょう。それは、自分自身が「ブラック消費者」にならないようにすることです。私はこれが一番、中長期的に効果的なことだと思っています。

ブラック消費者とは「お客様は神様だ」とばかりに、安さと質を両方とも厳しく要求する人々のことです。私が教えている大学で学生たちにアルバイト事情を聞いてみると、飲食店などのサービス産業で働く学生たちが口をそろえて話しているのが「お客さんの立場が強すぎる」ということでした。もちろん学生の対応がまずい場合もあるにせよ、このままでは若い人の働く意欲がどんどん削がれてしまいます。


ブラック消費者にならないための心がけとして、ひとつの有効なアイデアがあります。それは、「ありがとう」という言葉です。皆さんは、コンビニのレジで店員さんに「ありがとう」と声をかけているでしょうか。首都圏ではあまり見たことがありません。ほとんどの人が無言でやりとりしています。それどころか、お金を投げるように渡したり、電子マネーを乱暴にピッとやったり……。こういう光景は海外では見られない、日本だけの現象です。本来、売り手と買い手は対等の立場のはず。客が偉いなんて誰が決めたのでしょう。

「ありがとう」という感謝の言葉を客側が発する。これを大勢の人が習慣にすることによって、売り手と買い手の間の意識のバランスがだんだんと変わってくるはずです。

Q.24

「成長する」会社とはどういう会社を指すのでしょうか？

❶ 株価が上昇している会社

❷ 自社の技術開発に投資する会社

❸ 世の中のためになっている会社

成長企業は「穴埋め」が得意？

成長企業とは何か？　ちょっと漠然とした問いですが、成長企業発掘のプロとしてシンプルに考えてみると、「③世の中のためになっている会社」が一番本質的な答えといえるのかな、と思います。

当たり前なのですが、顧客の支持や満足がない会社が成長することはありません。世の中のためになる、多くの人がその会社の商品やサービスを気に入ってファンになることによって、売り上げと利益が上がっていきます。私たちは投資を検討する際には会社訪問をして、経営者にたくさん質問を投げかけて、意見交換をします。工場に行って現場の人とも対話をしますし、お店があれば実際に見に行ってみます。それらの会社が今、そして未来にわたってどのように「世の中のためになっているか」を検討していくのです。

「世の中のためになる」とは、「穴を見つけて埋める」と言い換えてもいいでしょう。成長する会社というと、何か大きな塔がにょきにょき伸びているようなイメージを持つかもしれませんが、私からするとそれはちょっと違う。これまで多くの成長企業の経営者を見てきましたが、塔を建てたというより「穴を埋めた」人のほうが多いのです。「なんでこんなところに穴があるんだろう？　これを埋めたらもっとスムーズに通れるのにな。それならいっそ、自分で埋めちゃおうか」という感じです。余っているところから砂を持ってきて、スコップを持ってガサッと入れていく。すなわち、ビジネスというものの本質です。まずは気づいた小さな穴から埋めていって、そのうち世界中に空いているたくさんの穴を埋めて、世の中のためになっていく。それが私のイメージする成長企業です。

「②自社の技術開発に投資する会社」というのも大事な観点ですが、ここでいうと「穴」をどのように埋めているのか、という話になるでしょう。自社の強みを生かすためには、適切にリスクをとって技術開発に投資することが必要不可欠です。「①株価が上昇している会社」というのは、因果関係が逆になります。利益が成長する、あるいは成長しそうという市場の期待が反映して、株価は形成されていきます（成長と株価については詳しくはQ.28で解説します）。

成長は業界によって決まるわけではない

皆さんも、どうせなら成長する企業で働きたいでしょうし、成長する企業に投資したいですよね。では、成長企業をどう見極めていけばよいのでしょうか。

よく聞かれるのが「これから成長する業界はどこでしょうか」という質問なのですが、成長する企業かどうかというのは業界で決まるわけではありません。確かに全体を見ると伸びる業界はありますが、企業単位で見ていったときに、生き残るのは大変です。就職でも投資でも、注目されている業界ほど競争が激しいのです。本当に注目すべきは、成熟産業とされる業界でも新たな切り口で伸びているような会社だと思います。

私がよく例に出すのが富山県にある東証2部上場の朝日印刷という会社です。富山県内では有名ですが、全国的にはそんなに知名度は高くないでしょう。何の会社かというと医薬品の箱の印刷をしている会社です。この分野ではトップとなる約4割のシェアを占めています。なぜかというと、薬機法があり、法律に従って印刷するのが面倒くさいので、大手印刷会社はわざわざやらないからです。IT化が進んで印刷業界は斜陽だと思われがちですが、そんなことはありません。毎年5～15％は利益成長しており、株価も着実に右肩上がりです。まさに「穴を埋めて、世の中のためになっている」ことで、成長している会社ですね。

地方にはこのように地味で地道な成長企業が実は数多くあります。私たちが地方にしばしば調査に行っているのは、丸の内・大手町付近の大企業よりも、地方で成長している企業に投資をするほうが、成績があがりやすいということも統計的にわかっているからです。

投資家が選ぶいい会社の条件はQ．30にも

Q.25

あなたの給料やボーナス、どうやって決まるのでしょうか？

1. 年功序列
2. 成果に応じて
3. 需要と供給のバランス

給料、どうやって上がっていく？

自分の給料がどうやって決まっているのか、考えてみたことがあるでしょうか。毎月自動的に給料が振り込まれるルーティンが続いていると、あまり意識をしないかもしれませんね。「労働の対価」とひと言では片付けられない、ちょっと複雑な問題です。

「①年功序列」は日本企業、特に大企業の多くで高度経済成長期からの慣習として継続しています。公務員も勤続年数が基本給に直結していますね。一方で、平成の長い不況期においては、「②成果主義」へのシフトが進められました。仕事で出した「成果」によって評価するというものです。能力のある若手の士気を高めることができますが、成果の定義付けは難しく、「縁の下の力持ち的な人」が評価されにくいという問題点もあります。

年功序列か成果主義かという観点に加えて、「③需給バランス」という側面もあります。モノの価格は需給で決まりますが、給料についても同じく影響があります。例えば、昨今のＩＴ業界では各業界でＩＴ投資が加速する中で技術者が不足していて、各企業が奪い合っている状態です。そうなると、技術者の給料がどんどん高くなっていくのです。

ＩＴ業界に限らず、日本全体で人手不足は深刻です。これまで、多くの日本企業が利益を確保するために実行してきた第１の対策は賃金の抑制でした。正規社員を減らす一方、非正規社員やパート、アルバイトの雇用を増やして人件費を削減したのです。ところが、今は特に流通業、小売業などで深刻な人手不足が起こり、採用を増やそうにも、賃金を上げなくては対応できない状況です。

とはいえ、労働力確保のための「やむを得ずの賃上げ」は起きているものの、社員への利益還元という意味で積極的な賃上げをする企業はいまだ多くありません。アベノミクス以降も「労働分配率」は低い水準のままです。労働分配率とは、企業が生んだ付加価値のうちどれだけが賃金など人件費として使われたかという指標で、財務省が法人企業統計のデータに基づいて算出しています。

それによると、労働分配率は２０１２年度には72．３％でしたが、毎年低下を続け、２０１７年度には66．２％となりました。企業の利益はもっぱら内部留保に回ってしまい、その恩恵が社員に行き渡っていないということです。

新しい「給料」の形？ ピアボーナス

従業員の給料というのは企業にとっては恒久的負担です。いったん水準を上げるとなかなか下げるのが難しいので、経営陣は慎重になりがちです。ですが、それでも賃上げに踏み切る会社に私は投資家として注目しています。将来の経営に自信があることの表れですし、「社員を大切にする風土がある」と考えられるからです。社員についての考え方が

「コスト」であれば「削減しよう」という考えになりますが、「資産」だと考えるならばそここにしかるべきお金をかけて「成長させよう」とするでしょう。

また、賃上げをする、ということに加えて、どのように賃上げを実践していくか、という視点も大切です。私が応援している企業でFringe 81（フリンジハチイチ）という会社があるのですが、そこではユニークな給料の形を提案しています。

それがピアボーナス『Unipos』というシステムです。「ピア」とは英語の「Peer（仲間、同僚）」、つまり、ピアボーナスとは従業員同士が互いにボーナスを送り合うことができるという仕組み。仕事で良い行いをした社員に対し、他の社員がスマートフォンやチャットツールから感謝の言葉を添えてポイントを送ります。すると、そのポイントが1ポイント○円、という形で給料に加算されるのです。会社が用意する決められた額の原資を従業員が分配するので、実質的な賃上げになっているわけですが、このシステムの一番のポイントは、社員が互いに誉めて感謝を送り合うきっかけになっているということです。メルカリなどの勢いのある成長企業で導入されて話題になりました。

こうした取り組みによって、Q.17でも書いた「働くことが嫌い」な人が減っていくかもしれません。感謝とお金がつながることで、働くことがだんだんポジティブなイメージになっていくのではないでしょうか。年功序列でも、成果主義でも、はたまた需給バランスでもない、新しい給料の決まり方。引き続き注目していきたいと思います。

COLUMN 3 私が学んだお金の哲学

働くことの本質を説いた本多静六

職業を道楽に変えた男

本多静六さんという方をご存知でしょうか。

東大教授なども務めた明治・大正時代の造園技師です。東京の日比谷公園、明治神宮、福岡の大濠公園、長野の臥竜公園、福島の鶴ケ城公園などはいずれも日本を代表する公園ですが、これらはすべて、本多静六さんが造った公園です。

彼はその仕事のかたわら、収入の4分の1をコツコツ貯蓄に回し、タイミングを見て株式に長期投資しました。退官するまでに現在の価値で100億円を超す資産をつくったそうです。超一流の造園技師であり、投資家でもあるというスーパーマンでした。彼が残した言葉から、私は「働くこととは何か」という本質を学ばせてもらいました。

まず、ひとつには「職業の道楽化」です。彼はこのように書いています。

「人生最大の幸福はその職業の道楽化にある。富も名誉も美衣美食も、職業道楽の愉快さには遠く及ばない」

これには大いに共感しました。自分の母の姿にも重なったような気がします。実際に仕事が道楽であればいつまでやっても飽きないし、飽きずに打ち込めば打ち込むほど仕事の品質は上昇し続けていく。私自身、仕事で疲れたと思うことはとても少なく、仕事をすればするほど元気になっていく感じがします。

「愉快さ」という言葉もいいですね。ソニーが生まれたときに、創業者の井深大さんは設立趣意書を書きますが、そこでも「愉快なる夢工場の建設」としているのです。ソニーが世界を代表する会社にまで育つことができたのは、「愉快さ」を追求する気持ちがあったからこそだと思います。

他人のために働くことの幸せ

「働くこと」の本質について、本多さんは次のようなことも語っています。

「人生最高の幸福は、社会生活における愛の奉仕によってのみ生じる。わかりやすくいえば、他人のために働くことだ」

彼が造園技師として大成功を収めたのは、自分のためのお金儲けを第一義に考えていたわけではなく、「社会のためによい公園を造りたい」という「利他」の動機があったためでしょう。そして彼は株式投資でお金持ちになっても、質素倹約を旨にして造園技師として努力をし続けました。退官した後には、自身の財産を匿名で、寄附し続けたそうです。結局、その資産のほとんどを寄附にまわしてお亡くなりになられました。

まさに「人生最高の幸福は社会生活における愛の奉仕によってのみ生じる」ということの実践ではないでしょうか。誰かの役に立ったことでお金をもらい、お金を使って誰かを応援するという循環に実感が伴ったときに、人は幸福感を得る。それが本多さんの考える「働きがい」ということなのかもしれません。

それにしても刻苦勉励して少しずつ投資をして、巨万の富を築いてそれをさっと寄附するなんて、職業人としてあまりに粋すぎますよね。しかもそれを楽しんでやっていたわけですから。私も本多さんにはまだまだ程遠いですが、少しでも爪の垢を煎じて、ちょっとでも近づいていきたいと思っています。

ちなみに、本多さんは1日1ページ分の原稿を書く（それも著述原稿として印刷価値のあるもの）というノルマを自分に課して、生涯で300冊以上の著作も残しています。なかでもまずは、『私の財産告白』（実業之日本社）がお薦めです。平易に書かれてわかりやすい本なので、ぜひ読んでみてください。

第4章

お金と投資

――投資が未来の日本に及ぼす影響

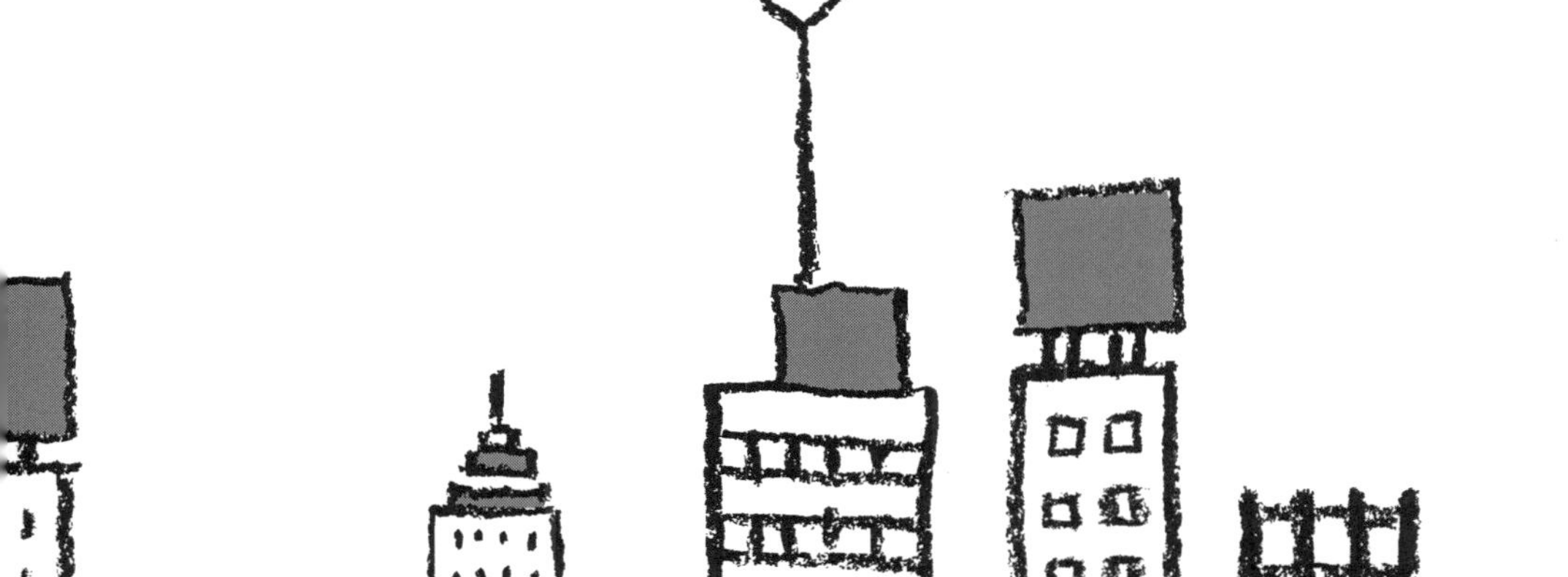

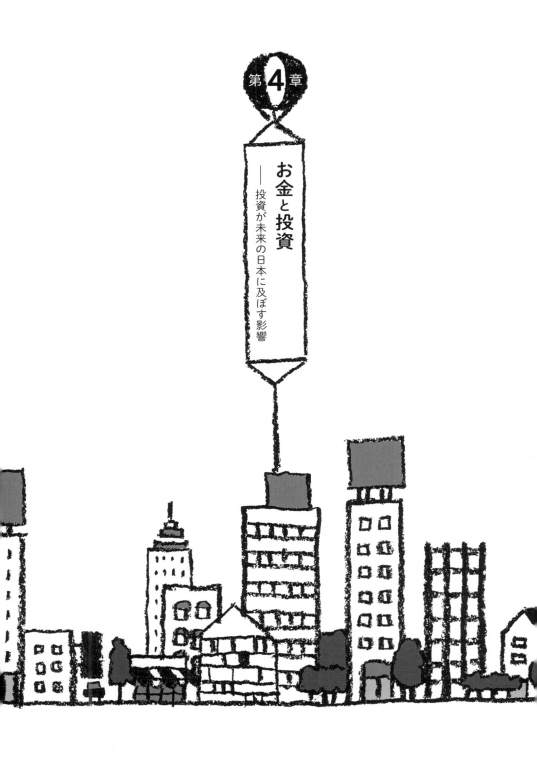

Q.26

「投資」は何のためにするのでしょうか？

1 資産を守り殖やすため

2 損するリスクがあるのでする必要はない

3 社会を元気にするため

「投資」という言葉から受けるイメージは？

この問題、もしかすると答えがバラけるかもしれません。というのも、「投資」という言葉自体がさまざまな意味を含有しているからです。まずはあなた自身が「投資」という言葉からどんなイメージを受け取り、どう捉えているかを認識していただくための設問です。

「①資産を守り殖やすため」と答えたあなたは、「投資＝資産形成の手段」として捉えていらっしゃると思います。銀行預金に金利がほとんどつかなくなり、将来の年金も不安という時代です。国からの「貯蓄から投資へ」というメッセージも受けて、投資の必要性を感じていらっしゃる。Q.14でも説明した通り、日本円のインフレリスクもあります。これからどうすれば自分たちの生活を守っていけるのか、大事な問題ですね。

一方、「②損するリスクがあるのでする必要はない」と答えたあなたは、ここまでにもしばしば触れてきましたが、いわゆる「投資嫌い」といえるでしょう。Q.8やQ.13でも見てきた通り、日本人の多くは「現金主義」。投資よりも貯蓄したい、と考えるのが日本人の気質です。実際にご自身や家族が損をした経験もおありかもしれませんね。「投資＝ギャンブル」という認識が強くありそうです。ですが、投資をしなければ損をしない、と考えるのはちょっと短絡的です。インフレで円の価値が下がっていった場合、投資をしないことこそが損になってしまいます。

「③社会を元気にするため」という答えについては、ピンとくる人は少ないかもしれません。果たして投資は社会を元気にすることにつながるのでしょうか？　実は、私が一番お伝えしたいメッセージはこの部分。「投資」の本質的な意味が、ここに含まれています。

投資とは、未来をつくること？

多くの人が投資とは「お金でお金を稼ぐこと」と考えていて、それは必ずしもポジティブなイメージだけではありません。「所詮《しょせん》マネーゲーム、ギャンブルでしょう」「汗水たらして働きなさい、お金でお金を稼ぐなんて卑しい」など……。

でも、「投資」はそもそもお金だけの話ではありません。これはあくまでも私の解釈なのですが、投資とは「エネルギーを投入して未来からお返しをいただくこと」であると考えています。すべての世の中の活動は、誰かが過去、お金を含め時間や情熱、愛情などのエネルギーを投入してくれたものによって、成り立っているからです。

今あなたが働いている会社があるのも、今使っているモノやサービスがあるのも、損をするかもしれなくても誰かがリスクを取ってエネルギーを注ぎ、会社や商品を作りだしたことからスタートしています。ここでいうエネルギーとは、お金だけではなく、膨大な時間や人の努力、情熱が含まれています。

皆さん自身が今あるのも、家族や学校、地域社会、会社の先輩などが愛情や時間というエネルギーを注ぎ、熱心に指導をして「教育投資」をしてくれたからです。エネルギーを後輩や子供に投入したら「教育投資」、工場や店に投入したら「設備投資」、会社を応援する資金に使ったら「株式投資」（私がファンドマネジャーという仕事でやっているのはここになります）、寄附やボランティアに使ったら「社会投資」、そして自分自身に注げばそれが「自己投資」になります。このように、投資にもいろいろ種類があり、お金だけの世界ではないのだということが、何となくイメージしていただけるでしょうか。

誰かが過去にリスクをとってエネルギーを投入した結果が今ある社会です。つまり、未来の社会は私たちがエネルギーを投入していかないと切り開いていくことができない、ということなのです。ですから、私がいつも「投資」をしようと伝えているのは、「お金を殖やそう」ということだけではありません。「投資」という行為は、金銭的な損得のためではなく、未来を切り開き、社会を元気にするということにおいて必要なのであって、「お金を得る」ということは投資のリターンのひとつにすぎないのです。

まずはこのイメージをぜひ踏まえていただいたうえで、第４章では具体的に投資との付き合い方を考えていければと思います。

Q.27

あなたはどんなスタイルの投資をしたいですか？

1 コツコツゆっくり殖やしたい

2 なるべく短期で大きく狙いたい

3 投資はやっぱりしたくない

自分にあったスタイルの投資が一番

Q.26では「投資はお金だけの世界ではない」ということをお伝えしましたが、ここからはお金の話。あなたのお金を将来のためにどのように育てるべきかという意味での「投資」のお話をしていきましょう。

「②なるべく短期で大きく狙いたい」と答えた方は、投資のイメージがやはりギャンブルに近いかもしれませんね。年末に宝くじがあれだけ売れることからもわかるように、日本人は短期的に結果が出る「博打」が好きな民族です。一方で、長期で結果を待つのが苦手です。日本の投資信託の平均保有年数も2.8年と他の先進国に比べてとても短いのです。ですから「①コツコツゆっくり殖やしたい」と答えた方は割合からすれば少し珍しいといえるかもしれません。でも、私がお伝えしたいのは、このコツコツ投資の魅力です。

そして、「③投資はやっぱりしたくない」という方。投資をしていない人からよく聞かれるのが「いつかお金が貯まったら……」「ちゃんと勉強してから……」という声ですが、ちょっともったいないなあ、といつも思います。投資のために一番大切な資源をせっかく誰もがすでに持っているというのに、使えていないからです。その資源とは「お金」ではありません。「時間」という資源です。

時間が味方、まずは始めてみること

かつての日本では、女の子が生まれると、庭に「桐の木」を2本植えたそうです。桐はとても成長が速いので、子供が成人して嫁入りするとき、この桐の木を使ってたんすをつくり、嫁入り道具にしたといわれています。1本は原材料、2本目は売って製作費に充てました。リスクヘッジの意味もあります。

この話を聞いたとき、投資による資産形成のことと重なりました。投資のためにもっとも重要な資源とは「時間」、そして「育てる」ことこそが投資の本質だからです。この桐の木に価値が生まれたのは、長い時間をかけて家族が育てたから。途中で切ってしまうと価値は生まれませんので、じっくり我慢することも必要です。

桐たんすも最初に苗木を植えなければ始まらないように、投資もまずは「始めてみる」ことが大事なのです。そうすれば、時間が味方になってくれます。投資の本をじっくり読み込んで理論武装してから始めるより、とりあえず始めてみる。株式市場や経済の成り立ちについては、頭ではなく肌で感じるほうが効率的です。習うよりも、慣れろ。投資を始めたあとで入門書を通読して全体像をつかむようにしたほうが、投資家としてのクオリティが上がります。

そのときには、手に汗をかかない少額からコツコツと積み立てるようにスタートすること。今では投資信託などで1万円未満でも投資が始められる時代です。景気のサイクルは3～5年くらいなので、まずはその期間を目指して、ぜひ少額からでも投資を続けてみることをお薦めします。

第5章でも詳しくご紹介しますが、近年では長期目線の投資家にとって追い風となる優遇制度が導入されています。特に2017年から始まった個人型確定拠出年金（iDeCo）は使わない手はありません。また、NISA（少額投資非課税制度）でも、毎月少額を長期間積み立てたい人にとって使い勝手の良い新たな「つみたてNISA」が2018年1月より始まりました。

Q.28

株価とは
どうやって決まるのでしょうか？

❶ 市場参加者の需要と供給に応じて証券取引所が決める

❷ 企業の人気に応じて株価が上下する

❸ 会社が出す利益に連動する

株価とはなんだろう？

日々の経済ニュースではおなじみの「株価」ですが、どうやって決まっているのでしょう。設問の答え、実はどれも正解です。

企業が株を新たに発行し、それを投資家が買うことで、企業に資本金が入ります。こうした取引を「プライマリー（最初の）マーケット」といいます。株式市場に上場すれば、多くの資金を調達し、信用力や知名度を高めることができます。対して、株式市場での投資家同士の取引は、すでに発行されている株を売買するもので、これを「セカンダリーマーケット」と呼びます。

通常、投資家が株を買う、という場合には、ほとんどが証券取引所でのセカンダリーマーケットの取引です。売り手がいて買い手がいて、需要と供給が一致したときに株価が作られます。買い手が多ければ株価は上がり、売り手が多ければ株価は下がっていきます。

これが株価の基本的な考え方ですので、選択肢の「①証券取引所が決める」はひとつの正解ですし、「②企業の人気に応じて株価が上下する」の側面もあります。ですが、「③会社が出す利益に連動する」ということも理解しておく必要があります。

そもそも株式とは、英語で「SHARE（シェア）」。分け前という意味です。企業の株を買うことは、その企業の一部を所有すること。そう考えると「株式の価値（株価）は企業の価値（利益）と比例する」ということもイメージできるはずです。実際に、営業利益と株価の動きを見てみると、短期的には上下はあるものの、半年や1年という長期スパンで見ていくとしっかり連動していきます。

「株価＝ＥＰＳ（1株当たり利益）×ＰＥＲ（株価収益率）」という計算式があります。大雑把にいえば、ＥＰＳは「利益」、ＰＥＲは投資家からの「人気」の要素。つまり、株価は「利益」と「人気」によって決まっていくのです。

株価は「常に正しくて、常に間違っている」

そもそも、株価というものは、実に奥深い数字です。

まず、「株価は常に正しくて、常に間違っている」ということです。先にお話しした通り、実際に毎日売り手と買い手がいて、そこで株価として成立している以上、「正しい」ものです。ただし、本当の価値と同等の株価かというと、株価はだいたい割高（過大評価）か、割安（過小評価）か、いずれかの状態になります。つまり、常に「間違っている」のです（その矛盾を突いていくのが、私たちプロの仕事です）。

また、アダム・スミスの「神の見えざる手」という学説があります。長期的に見ると最終的にはものの値段がその価値に収斂していくというもので、株価も同じです。まるで大いなる神様が、見えざる手で価格を操っているようです。

では、その神様とは誰なのか、というと、その実態は「不完全な人たち」の集合体です。市場の参加者には、天才的に優秀な人も善人もいるけれど、欲が深い人もうっかりモノもいます。株が上がると興奮して、下がるとがっかりするような人たちも神様の一部ですし、最近はプログラムされたコンピュータも神様の一部でしょう。個々人では不完全でも、全体として集まると合理的なものになるのです。

株価は単なる無機的な数字ではありません。株価を見るときには、背景にこうした生々しい人間の営みがあるということもイメージしていただきたいと思います。

Q.29

「失われた10年」と言われる2002年12月から2012年12月までの10年間で、日本の株式市場は平均でわずか2％の上昇でした。では、東証一部上場企業（除く金融）のうち10年間で株価が上がったのは全体の何％の企業でしょうか？

1. 20％
2. 30％
3. 50％
4. 70％

「日本はダメだった」は本当でしょうか？

２００２年12月から２０１２年12月までの10年間、日本の株式市場は２％しか上がっていません。これは、10年間お金を預けていても、２％しかプラスになっていないということで、「減らなかっただけマシ」という数字ですね。これは皆さんが日本経済に対して抱いている漠然とした「残念な印象」と近いかもしれません。

ところが、実態は大きく違います。同じ10年間で株価が上がっている東証一部の上場企業は、１７０５社。全体の約７割にも上るのです。ということで、Q.29の正解は「④70％」になります。しかも、上昇した１７０５社を平均すると、株価が約２倍に成長しているだけでなく、営業利益も倍に、従業員数も倍になっていました。「失われた10年」とよく言われますが、全然失われていませんね。

この話、ピンとこないかもしれません。実際に以前、経済の専門家の方々に同じクイズを出したとき、ほとんどの人が30％で手をあげていました。専門家でも意外と知らないことなのです。

株価が上昇した１７０５社の内訳を見てみると、その理由がわかります。大型株といわれる時価総額が３０００億円以上の企業で上昇していたのは、なんと全体のたった４％でした。つまり、上昇した企業のほとんどが、中小型株とか超小型株とカテゴライズされる目立たない会社ということになります。

もう少しはっきりと差が出た数字もあります。時価総額と流動性が上位で日本を代表するような大企業30社で構成される「TOPIX CORE 30」という指数があるのですが、同じ10年間の成績がなんと24％のマイナスでした。一方、同期間の東証二部の会社の平均株価は67％のプラスです。東証二部に上場しているのは規模が小さく社歴の浅い会社ですが、元気な会社も多いのです。

よく大企業が中小企業をダシにしているといわれますが、実際はその逆です。この10年間は、上場している中小企業は大企業のシェアを奪っていたということになります。有名企業の不振が連日TVや新聞紙面を賑わせてきたため、景気の低迷というイメージが強調されていましたが、中小企業のほうは多くが好調を維持していたわけです。

まずここで私がお伝えしたいことは、「ネガティブな情報」の背景を冷静に考えて見ましょう、ということです。漠然と「日本の企業はダメだ」と決めつける前に、世間が騒いでいるだけだったり、親の意見の刷り込みだったりする可能性を、疑ってみなければいけません。

悲観的なムードに流されずに、未来を信じる

私自身は日本の未来について、とても楽観的です。なぜかというと、投資家として約30年やってきたなかで、確信していることがあるからです。それは、「いい会社は次々に現れる」ということです。

最近よく、平成生まれの経営者に会っています。ちょうど「ゆとり世代」といわれるのが彼らなのですが、そのおかげか、厳しい競争のなかで育った団塊世代のようなガツガツ感も、その下のロスジェネ世代のような閉塞感もなく、すごくニュートラルに夢を目指している。結果として戦闘力が高いし、個性的です。これからの日本を引っ張っていくのは、こういう平成生まれのスターなのだと思っています。時代が変われば、担い手が変わるということですね。

未来に向けて、必ずいい会社が出てくる。これは、なぜかというと、「人々が日々真剣に生きているから」です。真剣に生きている限り、真剣に生きている人たちのなかから、よい会社は無限に現れる。これは私が確信していることです。

Q.30

投資家が選ぶべき
「いい会社」とは
どんな会社でしょうか？

❶ 株価がすぐに上がりそうな会社

❷ 長期的に利益を上げ続ける会社

❸ 配当金が高い会社

いい会社とは、長期的に利益を上げ続ける会社

Q.28で「長期的には株価と利益は連動する」というお話をしました。選択肢のうち、まず②を選べていたなら、株式投資の成功への第一歩が歩めています。①、③を選んだ人は、もしかすると株式投資で失敗しやすいかもしれません。どういうことでしょうか。まずは株式投資の「本質」についてお話ししましょう。

会社が利益を上げるには、商品・サービスを通じて、多くのお客様の信任を得ていくことが必要です。法律を破ったり、お客さんを裏切ったりという行為は、ネット時代においてはすぐに明らかにされますし、高すぎる商品やサービスは競争相手によりすぐに淘汰されていきます。環境負荷に対する政府の規制や消費者の見る目も厳しくなっています。

つまり、正しい方法と適切な価格で魅力的な商品・サービスを社会に提供し続ける、すなわち「社会に貢献できている」会社こそが、長期的に収益を上げ続けられるということです。

そして、投資家がそうした会社の株に投資することで資金的にサポートすることはひとつの社会貢献になります。それが私のお伝えしたい、株式投資の本質です。しっかりいい会社を選んで投資することで、社会貢献をしながら金銭的な利益も得られる。Q.26で「投資とは未来を切り開くこと」だとお伝えしましたが、少しイメージがつながってきたでしょうか。

短期的な株価の動きや配当も、確かに株式投資における大切な要素ではあります。ですが、この「本質」を押さえないままに投資をしていると、株価の激しい上下や配当金の金額に気をとられてしまって、冷静な判断が下せずに失敗してしまうかもしれません。

いい会社は身近な場所から見つけられる

ここまでの話で株式投資に興味を持った人は、ぜひ実際にチャレンジしてみてほしいと思います。その会社は私たちの生活を快適で楽しい物にすることに貢献をしているか。10年後、20年後にも必要であり続けるか。その会社ならではの強みがあるか。進化し続けるＤＮＡがあるか。高い理想に基づく明確なビジョンがあるか――。これらが「いい会社」を選ぶための、チェックポイントです。

「プロではない私たちでもできるの？」と思われるかもしれませんが、大丈夫。特別な情報源がなくても、身近な情報からでも判断可能です。というのも、私たちは投資家である前に、誰もが消費者だからです。特に、日本人は「世界一の消費者」といわれるほど、見極める目を持っています。食べ物を買うときも、服を買うときも、家電を買うときも、機能面、品質面、価格面など、非常によく吟味しているはずです。そして実際によい選択をしてきているでしょう。この選択眼を株式投資の企業選びにも生かせばよいのです。

一番大切なのは、あなたが理解しやすい会社を選ぶことです。理解できる会社でないと、失敗したときになぜ失敗してしまったのかがわかりません。難しく考えず、普段の生活を見返してみることからはじめましょう。

「この映画館は何から収益を得ているのだろう」「新しくできたこのお店の運営会社はどこなのか」などと連想していきます。街を歩いていても、どんな年代の人が、どんな服を着て、どんなヘアスタイルをしているか、なんてことにも目を向けられるようになると、投資のヒントはどんどん手に入るものです。

生活のなかで気になる商品やサービスを提供している企業を見つけたら、まずはウェブサイトを見てみることをお薦めしています。業績や資産状況などももちろん大切ですが、その会社の理念、経営戦略、社長のメッセージなどを重点的に読んでみてください。そのうえで「すごい会社だし、応援したい」と思えるようであれば、投資先の候補にしていきましょう。

会社の社是や経営理念についてはQ.22にも

Q.31

現在、「投資信託」は日本に何本あると思いますか？

❶ 500本

❷ 2000本

❸ 6000本

投資信託はどうして増えた？

まず、「投資信託（ファンド）」がどういうものなのか、簡単にご説明しましょう。投資信託とは、個人の投資家からお金を一つの箱に集めて、彼らの代わりに株式や債券といった金融商品に投資を行って、成果をあげ、個々の投資家に還元する、というものです。私自身、投資信託の運用者、ファンドマネジャーとして30年ほど仕事をしてきています。

投資はしてみたいけど自信がない人や、投資にかける時間がない人にとっては、プロが代わりに運用してくれるわけですし、ほかにも少額の資金から投資ができるという点や、手軽に分散投資ができてリスクが減らせることなど、メリットはたくさんあります。

だからといって、投資信託を手放しにはお薦めできない事情もあります。その理由の一つを表しているのが、この問題にも出した投資信託の数です。

一般社団法人投資信託協会のデータによれば、２０１８年10月末現在、不特定多数の投資家に向けて販売されている公募投信だけで実は６０００本以上の投資信託があります。６０００という数字。そんなにあるのか、と驚かれた方も多いはずです。プロに任せられるのが投資信託のメリットなのに、これだけ数があるなかでちゃんと選び取れるのか、不安になる方も多いかもしれません。

そして、こんなに多くの投資信託が存在しているのに、「名前を知っている投資信託はありますか？」と尋ねると、ほとんどの人が答えられないと思います。つまり、ブランド商品が存在しないということなのです。

構造的な問題として、日本の投資信託の運用会社では、1つの投資信託が大切に何年も運用されるケースがありませんでした。例えば食品業界だったら、グリコのポッキーや、カルビーのポテトチップスなど、何世代にもわたって愛され続けるブランドがありますよね。ところが投資信託の業界では、残念ながらそうした長く愛される商品がつくられることがありませんでした。それはなぜかというと、自社の利益を第一に考える金融機関が多かったため。目先の売りやすさだけを求めて、新商品への乗り換えを促し、数だけがどんどん増えてしまいました。販売手数料欲しさの回転売買が、長い間横行してきたのです。

長く愛されるブランドファンドを

実際に、Q.27でも少しご紹介した「つみたてNISA」の制度対象商品に選ばれている投資信託は、6000本を超す既存の公募投信のうち、当該制度の要件を満たして登録されたのはたったの162本でした（2018年10月末時点）。金融庁が「長く投資を続けるにふさわしい」と認められるのがそれしかなかったということです。

作り手の想いや愛着が込められていて、それが消費者にも伝わり長く愛されるのがブランドです。投資信託なら、運用者の想いが貫かれていて、少しずつ残高が積みあがって大きくなっていくのがブランドファンドといえるでしょう。そういったブランドファンドがこれまではありませんでした。

私はこれまで大手の運用会社でファンドマネジャーを経験してきました。不本意ながら、カリスマと呼ばれたこともありましたが、まったく満足できませんでした。どこにいても、投資信託が大事にされていない、と感じていたからです。投資信託の構造問題を打破するには、運用だけでなく、販売にも責任を持たなければならないのだと気づきました。だから自分で会社を作ることにしたのです。直接お客様に届けて、長く愛されるブランド商品を作ろう、と。そうして生まれたのが「ひふみ投信」という投資信託です。

私たちは「ひふみを通じて経済全体を活性化させたい、その結果として、金銭的リターンをお返しして、お客さまの将来の希望を叶えたい」という思いでブランドを作ってきました。おかげさまで10年経って、日本の株式を運用するファンドとしては国内最大規模にまで育てることができました。

とはいえ、まだまだ道半ばです。「投資信託」は、もともと「信じて託す」と書きます。本来あるべき投資信託の姿を目指して、未来を信じる仲間とともに歩んでいるところです。

COLUMN 4

私が学んだお金の哲学

憧れの投資家、ピーター・リンチ

投資の王道、ここにあり

ピーター・リンチ他『ピーター・リンチの株で勝つ〔新版〕』（ダイヤモンド社、２００１）

投資の世界にこれほど深く入ることになるなんて、私が学生時代の頃は想像もしていませんでした。当時の目標は、弁護士か検察官になること。司法試験に合格するまでのとりあえずの就職先として、野村投資顧問（当時）に入社したのです。

そこで先輩から「投資に関わる仕事をするなら読んでおくといい」と渡された1冊が、『ピーター・リンチの株で勝つ』でした。著者のピーター・リンチは、ウォーレン・バフェットやジョージ・ソロスと名を連ねる伝説の投資家の一人。米国フィデリティの旗艦ファンド「マゼラン・ファンド」を運用し、13年間で運用総額を１８００万ドルから１４０億ドルまでに殖やしたという驚異的な実績で知られています。

この本で私が感銘を受けたのは、リンチが地道な会社訪問を大事にしていたことです。その会社が応援するに足る価値があるかどうか、経営者に会ってインタビューをすることに時間をかける、という姿勢に「こういう仕事なら自分もやってみたい」とワクワクしたのを覚えています。

リンチの言葉はどれもシンプルなのですが、そこに投資の「王道」が凝縮されています。例えば、「クレヨンで絵に描けないアイデアには投資するな」は、投資すべき理由を簡単に説明できない企業の株を保有してはいけない、という有名な格言です。「株価の今日や明日、または来週の動きは、単なる気まぐれでしかない」や「優良企業に投資しているのなら、時間はあなたの味方になる。我慢できるからである」という言葉も印象的でした。売買のタイミングを相場の方向性で考えるのではなく、よい企業を発掘することに集中すること、時間を味方につければ、優良企業への投資は大きなリターンを上げられるということ。まさに「王道」の投資スタイルを最初に学ぶことができたのです。

ちなみに「リンチが人生の大きな転機となる行動を起こす時、株価は暴落する」という〝法則〟は、私自身にも当てはまり、妙に親近感を覚えました（私の入社日は史上2番目の暴落日でした）。

いつか日本発のマゼラン・ファンドを

リンチの本を傍らに置きながら働くうち、「いつかこの手で、日本を代表するファンドをつくってみたい」という目標を抱くようになりました。リンチとの出会いがなければ、私は投資のプロとして本気で打ち込むことはなかったかもしれません。

私は自分の運用する投資信託「ひふみ投信」を「マゼラン・ファンドのような存在にしたい」と話しています。米国の投資信託市場も、現在の規模に成長するまでにはさまざまな紆余曲折がありましたが、マゼラン・ファンドの成長によって、大きくイメージが改善されたという歴史を持っています。影響力を行使するためにはそれなりに大きな運用残高が必要です。業界を変えるくらいのファンドマネジャーには優れた運用能力は当然ながら、「営業力」も不可欠だということを、リンチの姿から学んでいました。そのため、私もファンドマネジャーでありながら、マーケティングにも注力してきたのです。

日本の投資信託市場は米国に比べるとまだまだ小さく、ブランドファンドと呼べるものはほとんどありません。だからこそやりがいがあります。「ひふみ投信で運用したから、子供を大学に上げることができた」「家を買うことができた」などと言われる存在になれるよう、さらなる成長を目指したいと考えています。

第5章

初心者なら、投資信託

――はじめの第一歩

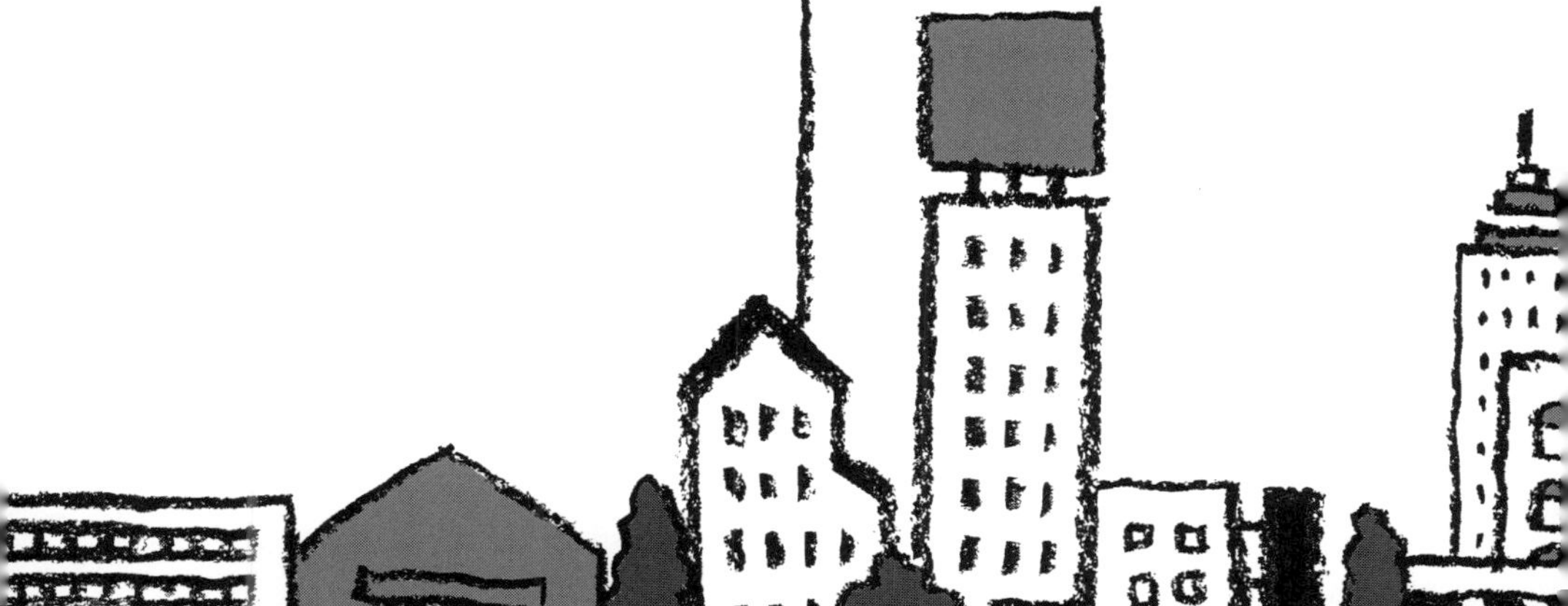

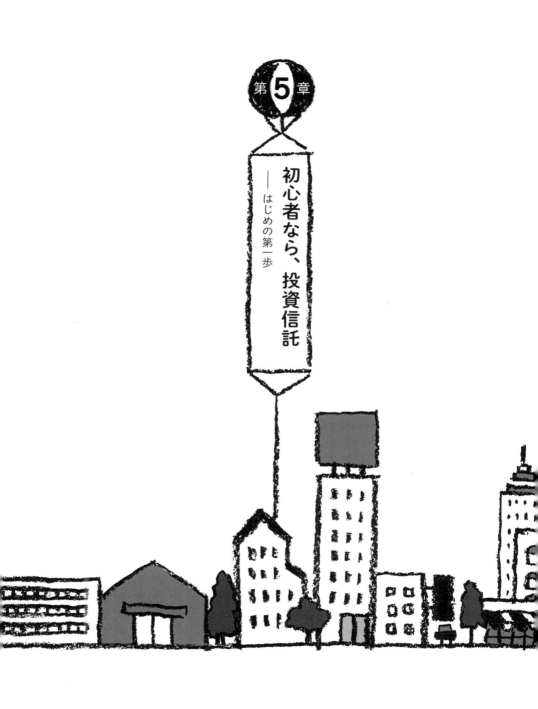

投資信託ってどういう仕組み？

投資信託（投信）は、ざっくりいうと「投資家から小口で集めたお金をひとつにまとめ、ファンドマネジャーと呼ばれる投資のプロが、株や債券など国内外のさまざまな資産で運用して、出た利益をみんなで山分けする」という仕組みです。「ファンド」とも呼ばれます。

預貯金と違って元本が保証されていないため、投資先である株式などの値動きによって、資産が増えることもあれば、マイナスになることもあります。

投信には商品性としていくつかメリットがあります。

●メリット（1）分散投資

大きなメリットのひとつが、簡単に多様な資産への分散投資ができるという点です。

個人で株式投資をするケースを考えると、株価×最低投資株数のお金が必要です。例えば、株価3000円で単元株100株を買う場合は、3000円×100株＝30万円をひとつの銘柄に投資することになります。いくつかの銘柄に分散投資をしたいと考えれば、運用に回すお金がたくさん必要になるわけです。

投資の世界には「たまごをひとつのかごに盛るな」という有名な格言があるのですが、その意味は「資産を分散して投資しておくと、たとえそのうちのひとつが損失を被ったとしても、他の資産への投資によって損失はある程度抑えられる」ということです。

●メリット（2）プロが運用

投資で利益を得ようと思ったら、正しい投資先を選ぶだけの知識が必要になります。一方で、働き盛りの人は忙しくて勉強や情報収集にあてる時間がないというケースが多いはずです。株式投資を始めれば、保有銘柄の情報を集めるだけでも大変でしょう。

仕事を頑張っているビジネスパーソンなど「勉強や情報収集をする自信がない」という人にこそ活用してほしいのが、投資信託（投信）という仕組みです。投信には、運用の面倒な部分はすべてプロに任せられるというメリットがあります。私のようなファンドマネジャーが運用先を選んでくれるので、その分、手数料を払います。

この本でも書いてきましたが、ビジネスパーソンは本業を頑張ることこそもっとも大事です。これは、投資として一番リターンがいいのは、まず「自分に投資」することであり、ビジネスパーソンにとって一番キャッシュフローを生むのは「自分の稼ぎ」だからです。

仕事の合間にスマホをちらちら見ながら株の売買をし、本業に集中できなくなるというのでは本末転倒です。もちろん、「趣味は投資」という人ならうまく時間をやりくりして株の売買を楽しんでもいいでしょう。しかし本来、資産形成は人生の目的ではなく、あくまでも楽しい人生を支えるための手段であるはず。ビジネスパーソンは、資産形成に関しては投信を活用してプロに任せ、仕事や趣味を楽しむために時間を使ったほうがいいのではないかと思います。

●メリット（3）少額からできる

投信は、少額からでも買うことができます。販売会社で「いくらから買えます」という最低投資金額が決まっており、従来は1万円からというケースが主流でしたが、最近はネット証券などで100円から買えるようにしているところもあります。

「まとまったお金ができたら投資をしたい」という声は、非常によく聞きます。しかし、この考え方ではなかなか投資できない人が多いのではないかと思います。私が提案しているのは、「今お金がないから、貯めてから投資しよう」ではなく、「お金がないからこそ、貯めながら投資をしよう」という考え方の転換です。

投信には、給与天引きのような感覚で毎月定額ずつ「自動積み立て」できる仕組みがあります。この仕組みを利用すれば、預貯金で積み立てをして「お金を貯める」のと同じ感覚で「お金を貯めながら増やす」ことができるのです。投信なら、毎月5000円、1万円といった金額から積立投資が可能だと聞けば、「それなら私にもできそうだ」という人が多いのではないでしょうか。

【ステップ1】投資信託口座を開設する

まず銀行や証券会社など、投資信託を販売している金融機関に口座（総合取引口座）を開く必要があります。

どう選ぶか、ですが、私はいつも「近い」ところで作りましょうと薦めています。「近さ」には物理的な距離と心理的な距離の両方があります。駅前の証券会社の担当者と対面で取り引きするのが「近い」と感じる人もいるかもしれませんが、若い人にとってはインターネット上で取り引きが完結する方が「近い」と感じるでしょう。

口座にも種類があります。まず、特定口座か一般口座か、特定口座なら「源泉徴収あり」か「源泉徴収なし」を選ぶ必要があります。投資で利益を得た場合、国に納税する必要がありますが、そのための手続きをどれくらい自分で行うかということです。基本的に初心者かつ年間の取引金額が１００万円以下であれば、特定口座（源泉徴収あり）がよいかと思います。

特定口座か一般口座か、という区分の他に、ＮＩＳＡ口座というものが存在します。ＮＩＳＡとは「少額投資非課税制度」の略。年間の取引金額１２０万円までの投資で得た利益にかかる税金がゼロになる仕組みです。ＮＩＳＡについてはあとで詳しくご紹介します。

【ステップ2】投資信託を選ぶ

Q.31で、日本には投資信託が6000本以上もあるとお伝えしました。投資先をどうやって選んだらいいのか、途方に暮れてしまうのではないかと思います。

いくつか、分類の仕方がありますので、ご紹介しましょう。

●投資対象別の分類

投資対象の分類としては、株式に投資を行うことができる株式投資信託と、国債や金融債など安全性の高い公社債を中心に運用する公社債投資信託がよく知られていますが、これらだけにとどまりません。数は比較的少ないものの不動産やコモディティなどへ投資する投資信託もあります。

●投資地域による分類

投資信託の投資地域で、「日本株」「先進国株」「新興国株」「日本国債」「先進国債」「新興国債」の6種類に大別されます。投資対象地域は、目論見書（説明書）に比較の記載があります。一般的には、見込まれるリターンがより大きいのは、国内や先進国よりも新興国です。

●投資スタイル別の分類

インデックス型とアクティブ型があります。インデックス型は日経平均株価やTOPIX（東証株価指数）など株価指数への連動を目指すもので、市場平均並みの運用成績を狙う投信です。それに対して、アクティブ型はファンドマネジャーの腕によって市場平均を上回る運用成績を目指すものです。

私たちが運用している「ひふみ投信」はアクティブ運用になります。インデックスは市場の「平均点」をとりにいく投資、アクティブは平均点＋αをとりにいく投資、と表すことができるでしょう。

【ステップ3】投資信託を購入する

投資信託にかかるコストは、全部で3つあります。これらのコストは、投資信託の目論見書には必ず書いてありますから、事前に確認しましょう。

（1）販売手数料（買付手数料）

買うときにかかる手数料が販売手数料（買付手数料）。投資信託を買うときの窓口となる金融機関に支払う手数料です。この手数料は直接運用にかかるものではなく、窓口金融機関の利益となるものです。

投資信託には、購入時手数料がかかるものとかからないものがありますし、同じ投資信託であっても、どこで買うかによって、この手数料が変わることもあります。テレビを買う際、商品はどの電気屋さんで買っても同じですが、値段は、買う店によって違うようなものですね。

(2) 信託報酬(運用管理費)

信託報酬(運用管理費)はどの投資信託にも必ずかかる費用です。運用会社や、お金の管理を行う信託銀行(受託会社)、そして、手続き業務の窓口となる金融機関(販売会社)にかかる費用が含まれています。同じ運用結果ならもちろん、信託報酬は低い方がいいのですが、低いから必ずしも良いとは限りません。低いにも、高いにも理由があるので、そこをきちんと見分けることが重要です。

(3) 信託財産留保額

解約するときにかかる手数料です。投資信託のお金は、株式や債券で運用されているので、先に投資信託を解約する人が出てくると、プロは持っている株式などを売って、現金をつくらなければなりません。その際の手数料相当分の費用を投資信託においておくという仕組みです。ただし、信託財産留保額は、かかる投資信託とかからない投資信託があります。

積み立て投資のススメ

私が投資を始める皆さんによくお伝えしているのは、「小さく・ゆっくり・長く」という原則です。小さく、というのはそれぞれが自分の「手に汗かかない」金額でまずは始めてみるということ。人によっては10万円でもドキドキするでしょう。ゆっくり、というのは、あせらずに時間分散すること。また、長く続けるのは大事ですが、いろいろなことが起きるのが人生です。立ち止まったって、一旦途中でやめたっていい。

そんな、「小さく・ゆっくり・長く」の投資スタイルを実現するのにお薦めの方法が、投資信託を使った積み立て投資です。

●積み立てのメリット（1）複利効果

「複利効果」とは、投資で得られた利益をふたたび投資に回すことで、利息が利息を生む効果のことです。複利効果の力は投資の期間が長ければ長いほど大きくなります。積み立てはとにかく「早く始めること」が有利です。もちろん、長期で積み立て投資をすればどんなものでも利益が出るわけではないですから、将来的に成長すると信じられるものに投資することが大切です。

●積み立てのメリット（2）時間分散

積み立てで毎月一定額ずつ投信を買っていくと、「基準価額が低いときには口数を多く、高いときには少なく」買うことになります（図5-1）。

例えば、毎月1万円分ずつ、4ヶ月にわたって投信を積み立て購入するとします。グラフのように基準価額が推移したとすると、投資金額は4万円で4.13口買えたことになり、1口あたりの取得金額は、9,685円となります。

一方、毎月1口ずつ買った場合はどうでしょうか？ 投資額は4月が1万円、5月は9,000円、6月は8,000円、7月は1万3,000円ですから、合計で4万円。つまり、1口あたり1万円です。

このように、毎月一定額を買い続けると価格の上下を経たときに平均的な購入単価を抑えることができるのです。値下がりしているときにたくさん買っておくと、後で価格が戻ったときに利益が出しやすくなります。これを専門用語で「ドル・コスト平均法」といいます。積み立てをして

図5-1　時間分散の仕組み「ドル・コスト平均法」

一定金額で定期的に購入すると、基準価額の低いときに多くの口座を購入でき、1口当たりの平均取得コストが下がっていく。

■ 基準価額が下のように動いた4ヶ月の場合

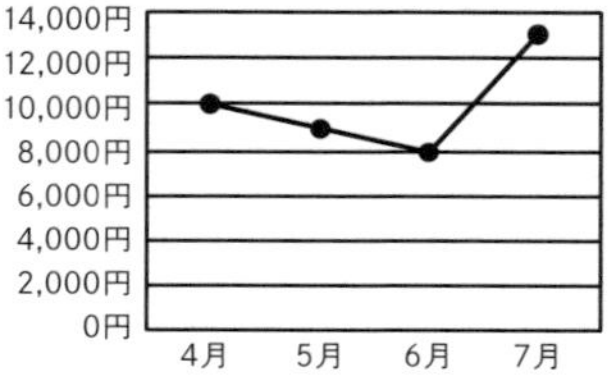

■ 1万円ずつ積み立てた場合

	4月	5月	6月	7月	合計
口数	1口	1.11口	1.25口	0.77口	4.13口
金額	1万円	1万円	1万円	1万円	4万円

平均取得コスト ➡ 1口当たり 9,685円

■ 1口ずつ積み立てた場合

	4月	5月	6月	7月	合計
口数	1口	1口	1口	1口	4口
金額	1万円	9,000円	8,000円	13,000円	4万円

平均取得コスト ➡ 1口当たり 1万円

いるときに、相場が下がったら、むしろ「今がたくさん買えるチャンスだ」ということになります。

●積み立てのメリット（3）ハラハラしない

投資のタイミングを読むのは想像以上に難しいもので、長年投資に携わっているプロでさえ読み間違えることは少なくありません。

Q.7でも見てきましたが、人間の感情には必ずバイアスがかかるものです。少し値上がりすると、もっと値上がりする可能性が高くても「利益をすぐ確定したい」と感じて早々に売ってしまったり、逆に買ったものが値下がりして今後も下がる可能性が高い場合でも、「損失を確定したくない」という気持ちが生まれてなかなか売却できなかったりします。もともと感情が勝って合理的判断ができなくなるのが人間というものです。

ですが、「毎月、同じ金額ずつ積み立てる」という方法で少しずつ投資をしていけば、「いつ買えばいいのか」「今は投資の始め時なのか」「リーマン・ショックのときのような暴落が起きたら……」などと悩む必要はありません。

そもそも、Q.15でもお話ししたように、経済というのは「上がったり下がったり」を繰り返すものです。相場がずっと良いときも悪いときもないのです。何に投資をしていても数年サイクルで大きな下落がやってきます。リーマン・ショックが起こったときも、「世界経済はもう終わりだ！」などと騒がれましたが、その後はどうだったでしょう？

世界各国で公的資金が注入され、経済は回復してきました。そして、あの暴落のときも投資をやめず、淡々と積み立て続けていた人は、相場が戻ったときに振り返ると結果的に大きな利益を得ることができたわけです。

それでも「値下がりが怖い」という人には、いったん積み立てを始めたら、そのことを考えないようにすることをお薦めします。というのも、私たちのお客様でも、10年間積み立てを続けてこられてきちんとお金を増やしているお客さまがたくさんいらっしゃいますが、そういった人の多くは「いま、投資したお金がどれくらいになっているのか」をあまりチェックしていないようなのです。「年に一度くらい、思い出したときに見てみると、思ったより増えていてびっくりする」といった声もよく聞きます。

投信を積み立てるメリットは、実はこの「忘れていい」ことにもあると私は思っています。繰り返しますが、資産形成はあくまでも皆さんにとって人生の一部です。パワーや時間をたくさんつぎ込んでやるべきものでもありません。毎日相場を気にしたり、「いつ買うか、いつ売るか」と気をもんだりすることなく、仕事や家族と過ごす時間を大切にできるのが積み立て投資のいいところです。

【ステップ4】投資信託で運用する

最後に……積み立ては、始めたら必ず続けなければいけないものではありません。必要なときには迷わず解約していいのです。購入するタイミングも大切ですが、解約するタイミングの方がよっぽど大切。そうは言っても、相場を読むことは難しいため、子供の進学や引っ越しなど、お金が必要なときに必要なだけ解約するというのがいいでしょう。

もちろん、無理に投資をする必要はないので、怖くなったら一部現金化するのもありです。積み立て投資はいつでも始めていいし、いつでも辞められるのです。

ただし、積み立て投資を続けていくためにはひとつだけ、大切なことがあります。それは「長い目で見れば、未来は明るい」ということを信じられるかどうかです。

「日本は少子高齢化で衰退していくだけだ」という悲観的な見方を持ち、「日本にはたくさんのすばらしい企業があり、情熱を持ち、工夫し、頑張ることで成長していくのだ」ということを信じられないのであれば、株式に投資すべきではないでしょう。

「日本や世界の未来は明るい」「人類は進化していく」ということに対して否定的な人は、そもそも投資に向きません。

未来を信じていればこそ、相場が下がったときも投資を続けることができます。その意味で、積立投資を続けることは未来を信じる力を持つことでもあるのです。

iDeCoではじめる投資信託

iDeCo（個人型確定拠出年金）は、「税金を減らしながら投資できる」制度です。

2017年1月から、公務員や専業主婦、企業年金に加入している会社員も含め、基本的に60歳未満のすべての現役世代が加入できるようになりました。原則60歳まで引き出すことはできないところに注意ですが、老後資金向けの資産づくりにはおトクな制度です。

●3つのポイント

(1) 掛金が全額所得控除

仮に年収400万円の会社員が毎月23,000円を積み立てたとしたら、1年で84,000円も節税できることになります。

(2) 運用益は非課税

通常の課税口座は利益に対して20.315%課税されます。

(3) 給付金を受け取るときも税制優遇措置

給付金は一時金または年金で受取り、それぞれに税制優遇があります（退職金税制、公的年金税制）。

商品は元本確保商品と、投資信託から選択できます。自らの年齢や、リスク許容度、運用期間、目標金額などから選択しましょう。私が運用している投資信託「ひふみ」シリーズにも確定拠出年金制度を通じてご購入いただける「ひふみ年金」があります。

●iDeCoをはじめたい人は？——窓口の選び方

銀行、信用金庫、信託銀行、労働金庫、保険会社、証券会社など、金融機関が窓口（運営管理機関）になりますが、通常の金融機関の仕事とは異なるため、基本的に申し込みはコールセンターあるいはWebでの対応になります。

初回の加入時と毎月の運用手数料（加入手数料と口座管理手数料）がかかりますが、この手数料は運営管理機関により異なります。また、投資商品のラインアップについても運営管理機関によってまちまちですので、事前に比較して調べるようにしましょう。

調べるには、このサイトが便利です。

・確定拠出年金教育協会：https://www.dcnenkin.jp/
・モーニングスター：https://www.morningstar.co.jp/ideco/

NISAではじめる投資信託

NISA（ニーサ）とは、毎年決まった非課税投資枠が設定され、上場株式や投資信託の配当金（分配金）や値上がり益が非課税になる制度のことです。日本に住む20歳以上の方が対象です。取引できるNISA口座は1人1口座。投資目的などに合わせて、「一般NISA」か「つみたてNISA」を選べます。「一般NISA」と「つみたてNISA」の併用はできませんが、年ごとにいずれかを選択することができます。

一般NISAで投資できるのは年間120万円までですが、投資した商品（上場株式や株式投資信託等）に対する利益や配当金、分配金については非課税になります。注意点としては、NISA口座内で発生した利益・損益と、他の課税口座（特定口座・一般口座）で発生した利益・損益とを、損益通算できないこと。損失の繰越控除もできません。「NISA口座では中長期的にじっくり増えるような商品に投資する」など、投資方針を事前に考えておくといいでしょう。

●「つみたてNISA」のメリットとは？

つみたてNISAは少額投資非課税制度（NISA）のうち、投信の「積み立て」に特化した制度です。「貯蓄から投資へ」という流れを推進したい金融庁肝いりの制度で、2018年1月からスタートしました。順にメリットをご紹介しましょう。

●メリット（1）運用益が非課税になる

従来のＮＩＳＡと同様に、投資した値上がり益や配当金・分配金にかかる税金が非課税になるのですが、つみたてＮＩＳＡの場合は、年間40万円まで20年間のもうけに対して課税されないというものです。毎年、枠いっぱいの40万円を投資して20年間続けた場合、最大８００万円まで、運用益が非課税というメリットを受けながら運用できることになります。

この「運用益が非課税」というメリットは、かなり大きなものです。例えば運用して10万円の利益が出たとしましょう。通常は約20％が課税されるので、手元に残るのは８万円程度。これがつみたてＮＩＳＡなら、まるまる10万円が手元に残るのです。

●メリット（2）日本に住む20歳以上なら、誰でも使える

「日本に住む20歳以上」の人であれば誰でも利用できます。たとえ80歳からでも、つみたてＮＩＳＡで長期投資をすることができる。「人生１００年時代」、若者から高齢者まで誰もが長期投資の楽しさを味わえるのが、つみたてＮＩＳＡのすばらしいところです。とはいえ、毎月の収入が安定的に得られる現役世代こそ、やはり投資の始め時です。

●メリット（3）払い出しの制限がない

つみたてＮＩＳＡは払い出し制限がなくいつでも引き出せるので、さまざまな目的で利用できます。投信を積み立てられ、税制メリットのある制度には前述の「ｉＤｅＣｏ（イ

デコ／個人型確定拠出年金）」もありますが、iDeCoは現時点では60歳以上の人が加入できないことや、60歳まで引き出せないことなどを考えると、対象者の広さや自由度の高さという点ではつみたてNISAに軍配が上がるといえます。

●メリット（4）対象商品が厳選されている

長期的に国民に資産形成をしてもらいたいという狙いから、金融庁はつみたてNISAの対象となる商品を限定しています。積立投資は将来的に成長すると信じられるものに投資することが大原則で、長期投資をすればどんなものでも利益が出るというわけではありません。これまで業界で売れ筋だった毎月分配型などの商品、手数料が高い商品は、つみたてNISAの対象外です。顧客にとって長期投資のメリットが少ないと考えられるものが排除されたことで、つみたてNISAを利用する人も安心して商品を選べる環境が整ったといえるでしょう。

ちなみに、わたしたちの会社が運用する投資信託「ひふみ投信」「ひふみプラス」も、つみたてNISAの対象商品に

表 5-1　つみたてNISAとNISAとの違い

	つみたてNISA	NISA
年間の投資上限額	40 万円	120 万円
非課税期間	20 年間	5 年間
投資方法	定期かつ、継続的な買い付け	制限なし
対象商品	金融庁の承認した投資信託や ETF	上場株式・投資信託・ETF など
新規投資期間	2037 年まで	2023 年まで

なっています。おかげさまで、つみたてNISAの開始以降は新しくお付き合いくださるお客様が増えました。ですが、長くお付き合いいただくことになるわけですから、「ひふみを買って大失敗した」などという人が増えたら、この先の日本の投資文化を壊してしまうことになりかねません。よい運用成績を出すことが、私たち運用会社の使命です。相場変動で一時的に損が出てしまう可能性は否定できませんが、社員一同、責任の重さをより一層感じながら、運用に努めています。

●つみたてNISAはこんな方におすすめ！

・老後のための資産形成など、10年〜20年先を見据えた資産形成をしたい人
・初めての投資で、商品を自分で選ぶのが不安な人
・なるべく長期間、税制上の優遇処置を受けたい人

「お金」について話したくなる、おすすめの入門書

本書のタイトルは『お金を話そう。』ですが、ここではさらに「お金を話したくなる」をテーマに、おすすめの本を3冊選んでみました。

●これから投資の一歩を踏み出すあなたに
竹川美奈子『はじめての「投資信託」入門（改訂版）』（ダイヤモンド社、２０１８）

投資信託から投資を始めてみようかなと思っている方には、まずこちらを。ファイナンシャル・ジャーナリスト竹川さんのロングセラー入門書の改訂版です。

投資信託は６０００本以上もありますから、どうやって選べばいいのかわからないという人も多いと思います。この１冊で、基本の用語解説から、おすすめの商品、買い方、選び方、保有中の対応、解約の仕方、目論見書の見方まで、考え方と実践がしっかりと網羅されています。図版が多めでわかりやすいのもポイントです。２０１８年からスタートした「つみたてＮＩＳＡ」や、２０１７年に対象者が拡大されたｉＤｅＣｏ（個人型確定拠出年金）についても対応しています。

●子どものうちにちゃんとしたお金の教育を

村上世彰『いま君に伝えたいお金の話』（幻冬舎、2018）

著者の村上さんについては、「村上ファンド」という名前で皆さんもご存知かもしれませんが、彼のミッションは、ファンドを運営されていた頃と現在とでまったく変わっていません。それは、「日本のお金の流れを変えていくこと」。私も深く共感するところです。

「君に伝えたい」の「君」、とは「子供たち」のことです。日本の子供たちは「お金」と向き合うチャンスがほとんどありません。それを村上さんも危惧されていて、今、全国の子供たちにお金の授業を展開なさっています。その授業から選りすぐりの話をまとめた１冊です。子供向けに語りかけるようにまとめられていますので、お金について学んでこなかった大人にとってもわかりやすいです。本書と併せて読んでいただくと、さらにお金の本質について理解が深まるだろうと思います。

●会社の本質が凝縮されたケーススタディ
糸井重里（語り手）／川島蓉子（聞き手）『すいません、ほぼ日の経営。』（日経ＢＰ社、２０１８）

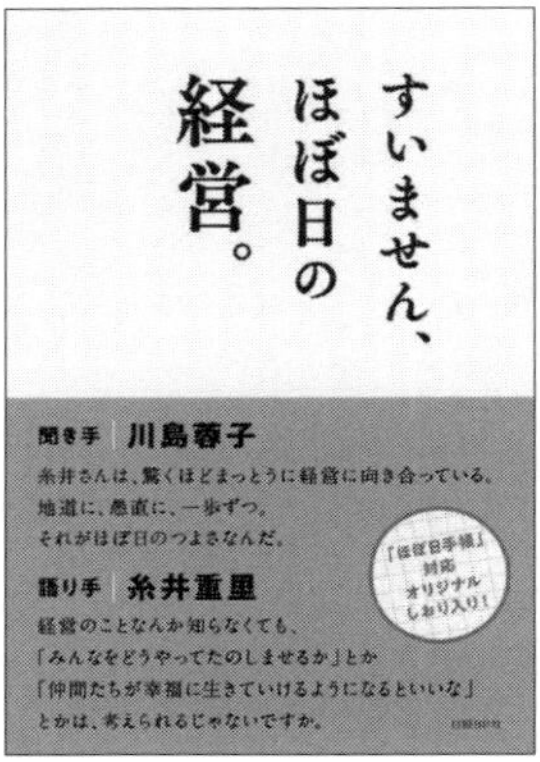

糸井重里さんが主宰するウェブサイト「ほぼ日刊イトイ新聞」を運営し、「ほぼ日手帳」をはじめとする商品を企画販売する「ほぼ日」が株式市場に上場したのが２０１７年

でした。なんとなく「経営」や「お金」というイメージからは遠い会社だと思われるかもしれませんが、実は、ほぼ日こそ「会社」というものの本来の意味をとても大切にしている会社です。現代の日本ではこういう経営スタイルはまだ珍しいのですが、今後はもしかするとスタンダードになっていくのではないかと考えています。

インタビュアーの川島蓉子さんがほぼ日を率いる糸井さんにあれこれ質問をぶつける対談形式の本になっています。糸井さん自身が、事業、人、組織、上場、社長業について何を考え、どのように向き合ってきたのか、その答えがわかりやすくまとまっています。

私も本書では「会社って?」「株って?」「働くとは?」という話を根本のところからお話ししていますが、ほぼ日の例を併せて読んでいただくと、また理解が深まっていくのではないかと思います。

おわりに

ここまでの31問、皆さんはご自身と「会話」することはできたでしょうか？

「お金」という、よくわからないモヤモヤしたものがテーマでしたから、はっきりとした答えは見つからなかったかもしれません。でもそれでいいのです。「正解のない問い」に対して、皆さんなりに何かイメージをしたり、何かのヒントをつかんでいただけたりしていたら、少しでもこの本がお役に立てたのではないかなと思っています。

さて、冒頭に私が質問した「Q．0」、覚えていらっしゃいますか？ 究極に「正解のない」問いです。

「もし突然、10億円をもらえることになったら、皆さんはどうしますか？」

まず、私の答えからお話ししますね。実はこの問い、自分がよく空想していることでもあるのです。でも、いつも結論は一緒になります。

「ほんの少しだけ趣味のピアノのスタジオにお金を使い、残りは未上場企業と大半をひふみ投信へと投じたい」

これが私の本音です。かなりシンプルでした。そういう意味で私はすごく幸せだと思っています。なぜなら、今もある程度、自分がやりたいことをやれているからです。

私のフェイスブックでの問いかけに寄せられた皆さんの「10億円持っていたらやりたいこと」の数々は、よくよく見てみると、10億円がなくても挑戦できることがほとんどでした。もちろん規模としてお金がなければ達成できないこともあるでしょう。しかし、お金がなくてもスタートできることは意外に多いのです。「情熱」や具体的な「ノウハウ」、やりたいことを実行するための「仲間」の方が「お金」よりよっぽど貴重だからです。

どうでしょうか、あなた自身の答えは、本当に10億円がないとできないことでしたか？　もしかして、「お金」以外の資産で、どうにかなることではありませんか？

会社を株式上場させたり、自分の会社を売却したりして、実際に10億円規模のお金を得る人たちがいます。とにかく彼らが口をそろえて話すのは「お金があるからといって幸せになるわけではない」ということです。そして、彼らはこうも言います。「人として一番楽しいことは信頼できる仲間と楽しい時間を過ごすことだ」と。

お金を得たことで友達や恋人が増えるとしたら、それはあなたのお金を目当てにした人が増えたということでもあります。ということは今、10億円を手にしていないあなたを大切にしてくれている恋人、家族、友達を大切にしなければいけないということですよね。

現時点で10億円を持っていないとしても、あなたがやりたいことの大概はすぐにスタートできるはずです。つまり、本当にやりたいことを探すよい方法が、「もし10億円を持っていたら」と妄想をすることなのです。

また、もしも今すぐ「やりたいことが思いつかない」という方がいらっしゃったら、しばらくそのまま妄想の訓練を続けてみてください。子どもの頃に楽しかったこと、夢見ていたことがヒントになるかもしれません。妄想を続けるうちに、自分がいろいろな言い訳でやっていなかった、人生の目標や目的が見えてくるはずです。

この本でもお伝えしましたが、私が考える「投資」の定義とは「未来のために今、エネルギーを投入すること」です。

「投資の結果＝情熱×行動×時間×回数×知恵×お金×体力×運×愛情」という方程式です。お金はそのエネルギーの一部にしかすぎません。

投資は早く行動をすればするほど、未来からのお返しが得られます。あなた自身の人生の目標や目的に向かって、これからも投資を続けていっていただきたいと思います。

藤野英人（ふじのひでと）
1966年富山県生まれ。投資家、ファンドマネジャー。レオス・キャピタルワークス代表取締役社長・最高投資責任者（CIO）。国内・外資大手投資運用会社でファンドマネジャーを歴任。2003年レオス・キャピタルワークス株式会社を創業。主に日本の成長企業に投資する株式投資信託「ひふみ」シリーズを運用。一般社団法人投資信託協会理事。投資教育にも注力しており、JPXアカデミー・フェロー、明治大学商学部兼任講師も務める。著書に『投資家が「お金」よりも大切にしていること』（星海社新書）、『さらば、GG資本主義 投資家が日本の未来を信じている理由』（光文社新書）他多数。

＊本書は、特定の金融商品の推奨や投資勧誘を意図するものではありません。最終的な投資の判断は、最新の情報を確認し、ご自身の判断と責任で行ってください。

＊本書は、レオス・キャピタルワークスと弘文堂で主催したワークショップにご参加いただいた以下のみなさまの声を参考に制作いたしました。本書に収録したＱ＆Ａのいくつかは、ワークショップの会場でうかがったご意見から生まれたものです。ありがとうございました。
内山 恵様／佐藤修哉様／田村晋一様／鳥居茂高様

お金を話そう。

2019（平成31）年３月30日　初版１刷発行

著　者　藤野英人
発行者　鯉渕友南
発行所　株式会社 弘文堂　101-0062 東京都千代田区神田駿河台１の７
TEL03(3294) 4801　振替00120-6-53909
http://www.koubundou.co.jp

編集協力　坂崎絢子（レオス・キャピタルワークス株式会社）
ブックデザイン　遠藤 幸＋Asyl
印　刷　大盛印刷
製　本　井上製本所

ISBN978-4-335-45060-0